| 质性研究经典导读系列丛书 |
丛书主编　丁钢

凝视日常

生活史的研究理路与写作案例

李　林　著

华东师范大学出版社
·上海·

图书在版编目（CIP）数据

凝视日常：生活史的研究理路与写作案例/李林著
.—上海：华东师范大学出版社，2023
（质性研究经典导读系列丛书）
ISBN 978-7-5760-3682-4

Ⅰ.①凝… Ⅱ.①李… Ⅲ.①社会生活—历史—研究 Ⅳ.①C91-09

中国国家版本馆 CIP 数据核字（2023）第 101038 号

凝视日常：生活史的研究理路与写作案例

著　　者　李　林
责任编辑　范美琳
责任校对　郭　琳　时东明
装帧设计　俞　越

出版发行　华东师范大学出版社
社　　址　上海市中山北路 3663 号　邮编 200062
网　　址　www.ecnupress.com.cn
电　　话　021-60821666　行政传真 021-62572105
客服电话　021-62865537　门市（邮购）电话 021-62869887
地　　址　上海市中山北路 3663 号华东师范大学校内先锋路口
网　　店　http://hdsdcbs.tmall.com

印 刷 者　浙江临安曙光印务有限公司
开　　本　787 毫米×1092 毫米　1/16
印　　张　11.25
字　　数　143 千字
版　　次　2023 年 7 月第 1 版
印　　次　2024 年 6 月第 2 次
书　　号　ISBN 978-7-5760-3682-4
定　　价　45.00 元

出 版 人　王　焰

（如发现本版图书有印订质量问题，请寄回本社客服中心调换或电话 021-62865537 联系）

总 序

教育学本质上是一门关于人类教育生活实践的学科,教育实践既是处理社会关系的实践,也是改造主观世界的实践,是人类实践活动的重要形式之一。

教育学的研究既需要为重要的研究问题提供合理、明确的推理过程,对其进行各种验证性研究,同时也需要通过对个体和群体的教育经验进行分析,深化与诠释生活世界的教育意义。教育研究既需要数据的积累和现象的描述,还必须深入到研究的内容、趋势、认知与评论等方面,以形成量化与质性相结合的交互分析。在这个意义上,教育研究可以采取量化研究与质性研究相结合的混合研究方法,以提升教育研究的价值。

就质性研究方法而言,质性研究是国内外社会科学领域常用的一种实证研究方法,其目标是对人类行为和经验的解释性理解与反思,寻求掌握人们建构其意义的历程,并描述这些意义是什么,然后使用经验的观察,从探究人类行为的具体事件中产生对人类的生活状况与社会变革更清晰、更深层的思考与理解。

华东师范大学教育学部设立"教育的质性研究方法"研究生学位基础课程的宗旨在于:使学习者树立教育研究的问题意识,清晰研究立场,全面了解质性研究的理论与具体方法,体会质性研究的特点,领会各种具体方法的优势和适用价值,学会运用质性研究方法和分析软件开展质性研究设计和研究活动。

"教育的质性研究方法"课程的内容分为以下 4 个模块:

● 质性研究导论,旨在为学习者提供质性研究的方法论基础而设。包括质性研究的理论资源、对象与目的、选题与设计,以及文献综述、参与观察、深度访谈、成果呈现等基本方法。

● 质性研究方法专题,旨在为学习者提供结合实际需求深入学习某一质性研究方法而设。分为可供学习者选择的 6 门单列课程:田野研究、案例研究、行动研究、叙事研究、文化与生活史研究、扎根理论。

● 质性分析软件应用,旨在为学习者提供应用质性分析软件所需而设,建议与扎根理论学习相配合。

● 质性研究成果撰写,旨在为学习者提供更好地呈现质性研究结果的写作方法而设。包括质性报告撰写与研究评价的方式等。

为了进一步推进和深化课程的建设,以及满足研究生对于质性研究方法的深入理解和研究实践的需求,基于"教育的质性研究方法"课程团队的教学实践,我们将每种质性研究方法单独编写成书而组成了这套"质性研究经典导读"系列丛书。

其中,每种质性研究方法的编写将选择国内外相关经典著作加以导读,同时强调研究方法的程序与规范,进而对一些经典案例进行分析,并提供拓展阅读。

呈现在读者面前的这套"质性研究经典导读"系列由 11 部著作构成:《博观约取:文献综述导引》一书将文献综述作为研究过程不可或缺的一部分,强调文献综述乃是以研究主题或问题为中心,以既有文献为基础的博观约取的过程;同时,以哈特(C. Hart)的《文献综述:激发研究的想象力(第二版)》为典范,进一步加深对文献综述的技术化理解,形成对文献综述的合理认识。在此基础上,呈现了从主题到问题,从文献搜集、甄选、梳理到综述撰写的一般程序及其操作规范,并结合研究领域和研究取向,选取了若干具有代表性的综述文本作为案例,以为参酌。努力体现我国教育研究的本土特征,反映我国教育研究者的重要贡献,贴近我国教育学研究生的实际需求。

《参与观察:质性研究中的"看"与"被看"》一书旨在为参与观察方法的初学者提供可借鉴的"地图",选取了《参与观察法:关于人类研究的一种方法》这本经典教材进行导读,辅以人类学参与观察法的经典著作《摩洛哥田野作业反思》,以期从具体方法的使用到作为研究工具的研究者的反思,形成完整的逻辑链条,并具体介绍了参与观察法的操作步骤。同时,该书选取了三本以参与观察法为重要研究方法的著作,分别从研究问题与内容、研究方法与过程、研究发现、主要理论视角与论点和研究者的反思等角度对著作文本进行"方法"意义上的重构,从案例中进一步阐明了参与观察的经典使用。

《质性访谈:在教育研究中的"聆听"与"理解"》一书着重指出访谈是质性研究中的重要方法。书中涵盖阅读和领会访谈法的内涵、特点、优势、操作和分析等一系列的相关信息,对于运用和实践这种收集资料的方法来说非常必要。该书以经典导读为主线,通过介绍两本访谈著作和相关研究案例,为对质性研究感兴趣或开展质性研究的各类研究者提供有关访谈法的实用知识和技术,以促进质性研究与教育研究实证道路的发展。

《田野研究:经验正当性的现场寻求》一书为使学习者实现对于人类学田野研究更为深入的了解与理解,一方面以人类学学科中田野研究的产生与发展的时间维度,探寻在人类学田野研究领域"里程碑"式的经典著作成果形成与发展的过程中,田野研究所承担的作用和地位;另一方面,通过经典片段导读、案例分析与拓展阅读等学习内容的安排,聚焦田野研究作为研究方法的正当性(validity)问题,分析与考察其作为跨越自然科学与社会科学的一种现场经验研究方法所包含的相关研究规范。让学习者通过阅读与思考,不仅拓展专业研究方法的视野,而且初步了解和掌握人类学田野研究作为研究方法的基本规范和关键要求。

《教育科学案例研究方法:导读与范例》一书在经典导读部分通过与经典文献的对话,展示案例研究方法在教育理论构建与实践检验中的不同研究取向与特征,关注研究规范涉及案例研究方法的策略与步骤;进而在案例分析部分详细描述具体案例的研究过程与方法,并在拓展阅读部分简要介绍案例研究方法的主要文献。

《行动研究经典导读:教育研究中的实践、批判与反思》一书旨在通过对经典著作与案例的导读,向学习者介绍行动研究的理论基础与实践方式。主要内容包括行动研究的历史溯源、主要流派与特点,以及"做"行动研究的基本方法。帮助学习者全面了解行动研究理论的历史背景,判断行动研究方法的适用情境,并帮助学习者培养独立设计、实施行动研究的基本能力。

《教育叙事研究:经典与案例导读》一书旨在帮助学习者理解叙事探究的立场、观点和方法,以开辟教育研究的新路向——关注个体的教育生活,把握其生活经验的连续性和交互性,以深度描述和诠释的方式探索、穿透和揭示其生活经验的意义。

《凝视日常:生活史的研究理路与写作案例》尝试融合历史学的方法及教育学的关怀,呈现与生活史研究相关的学理基础、学术历程、写作要领、范例评介及书目解题,以助读者按图索骥、登高行远;并且融入对于教学过程的部分记录、引证和反思,以期教学相长。该书尝试体现史学的素养与思维对于人文社科学术可能的"通用"贡献,并透过研究者自身的躬亲与省思,强调生活史研究"因人、属人、为人"的核心关怀。此外,通过对生活史研究取径的优长之处及可能局限的分析,提示学术研究中技术、方法、视野、理论诸种层次的互动必要与进阶可能。

《扎根理论经典导读与实作》一书通过对扎根理论经典的导读、介绍与解读方法、研究案例研讨、拓展阅读等方式,帮助学习者提高对本研究方法的认识、理解,使其形成运用扎根理论构建理论的能力。该书内容涉及扎根理论经典导读、作为研究方法的基本程序和技术介绍、应用该研究路径的常见问题等。

《质性分析软件 NVIVO 的应用》一书通过介绍 NVIVO 的基本操作,包括项目管理、编码、查询、数据整合、可视化、多媒体数据处理、图和报表等功能,对使用 NVIVO 进行质性分析的常用策略和步骤进行了解析。同时,通过三个具体的案例,说明应用 NVIVO 进行开放式问卷的分析、文献综述以及完整的研究设计的方法。对于不倾向于特定的方法论,需要处理大量无结构或半结构化数据的研究者而言,NVIVO 运用定性分析技术来组织、分析和共享数据,是目前最合适的质性分析工具,也为使用混合方法的研究人员提供了借鉴。

《从生活到理论:质性研究写作成文》一书在理论层面结合国内外关于质性研究写作的著述、教材和论文,在实践层面以学习者在习作中遇到的困惑和问题为着力点,力求在参考性、操作性,以及具体到质性研究写作的格式、语言、时间管理、谋篇布局和发表交流等层面,用贴近学习者经验的语言,针对普遍的困惑,提供有参考意义的建议。针对质性研究报告或论文的每个主要组成部分,该书逐一分析了各个部分写作的原则、类型、注意事项,并且引证正面和反面案例进行分析说明。

  这是一套基于课程教学实践的著作系列,此系列不仅关注研究方法的实用性和理论的前沿性,也具有很强的可读性和对教育质性研究方法运用的导向性;既可以作为学习者课堂学习的延伸阅读,也可以为有需要的学习者自学所用。如果能为读者分享而有所启迪,我们便达成了心愿。

丁　钢

2020 年 1 月 31 日

题　　记

　　如果我们看不到生活在其中的人,怎么能形成对那个时代的想法呢?假如只能给出一些概括的描述,我们只不过造就了一片荒漠并把它叫做历史而已。①

---

① 荷兰史家约翰·赫伊津哈(Johan Huizinga)语,引自[英]彼得·伯克.什么是文化史[M].蔡玉辉,译.北京:北京大学出版社,2009:10.

目 录

引言　凝视日常　　　　　　　　　　　　　　　1
 一、从三个简单问题出发　　　　　　　　　3
 二、史学的要素、书写与思维　　　　　　　5
 三、本书的旨趣、结构及内容　　　　　　　9

第一章　学理基础　　　　　　　　　　　　　　11
 一、生活史研究的意涵及旨趣　　　　　　　13
 二、生活史研究的视野及取径　　　　　　　20
 三、当代史学的关键转向与生活史研究　　　28

第二章　研究回顾　　　　　　　　　　　　　　31
 一、当代西方史学转向与生活史研究　　　　33
 二、海外及我国港台地区中国研究学者的相关研究　　37
 三、中国大陆学者对日常生活史的持续探究　　42

第三章　范例评介　　　　　　　　　　　　　　47
 一、史景迁：《妇人王氏之死》　　　　　　49
 二、沈艾娣：《梦醒子：一位华北乡居者的人生
  （1857—1942）》　　　　　　　　　　54
 三、王笛：《茶馆：成都的公共生活和微观世界，
  1900—1950》　　　　　　　　　　　　60

第四章　写作要领　67
一、生活史研究的史料视野　69
二、生活史研究的表达方式　74
三、生活史研究的挑战与突破　79

第五章　案例自述　85
一、末代"天子门生"的际遇与转型　87
二、民国"学校市"的实践与得失　94
三、近代"教员肺痨"的意涵及应对　99
四、自述小结　104

第六章　教学叙事　107
一、疫情之下文献阅读和标注的经与权　109
二、在网络环境中追寻"同文异读"　113
三、人类的"阅读"与人工智能的识文断句　116
四、作为知识资源的工具书和数据库　119
五、探寻文本内外的"为学方案"　124
六、CBDB：关系型数据库的勘探实验　130
七、架构具有兼容接口的"知识主机"　135
八、内省：既是方法，也是对象　138

九、尾声	142

结语　回归日常　　145
　一、能动性、主体性及其限度　　147
　二、方法、视野及其超越　　149
　三、见山还是山，见水还是水　　151

附录　书目解题　　153
　一、理论与趋势　　155
　二、方法与指南　　156
　三、专题与案例　　158

后记　　164

引　言
凝视日常

一、从三个简单问题出发

欢迎大家选修或旁听这门专题小课，让我们从这三个简单的问题出发。

第一个问题：今天是几号？

第二个问题：你为什么在这里？

第三个问题：修读这门课程有什么意义？

对于第一个问题，大家只需要在脑海里稍微一想，或者看看手表、手机、电脑，就能给出准确的答复，如果有需要，这个时间的计量单位还可以不断精确。至于第二个问题"你为什么在这里"，最为普遍和直白的理由就是：因为修读这门课程，你需要在既定的时间出现在特定的空间。因此，第二个问题连接第一个问题，并引出第三个问题：关于"意义"。大家来到这里，除了修得学分之外，还可能出于增进学识、拓宽视野或是追寻"意义"等各种目标，不一而足。整体来看，从第一个问题到第三个问题，主观性和开放性依次递增。

让我们重新回到第一个问题，其中关乎"时间"，这是我们非常熟悉的概念范畴，也在很大程度上限定了我们的认知模式。如果我现在提问："什么是'时间'"？估计大家一时也会感到茫然。我们再低头看看手表、手机或是电脑，也很容易发现：这些都不是时间本身，而是人造的用以量度时间的工具。除了时间的"本体"仍不可知，这里又引出另一对关键的概念范畴：自然时间与社会时间。人类通过观察和总结诸如日升日落、月圆月缺、花开花谢、寒来暑往等体现自然时间的景象,将之不断等分,并以此为基础去安排包括教育在内的各项社会活动,由此而区分出各种社会时间。其实,时间是历史学中至关重要的维度,史学研究总是需要在线性时间的"点与线"上,探寻不总是线性发展、均质展开的史事之"面与体",并且充分留意其中自然时间与社会时间的交互与分殊。进一步说,不仅是历史学,其他学科也很关注时间,较为典型的比如哲学和物理学,都揭示并赋予了时间非同寻常的意涵;甚至认为线性时间或许只是人类虚幻的执念,当然这不在我们的讲论范畴之内。"时间"从根本上规限了人类的认知模式和"存在"限度。

  第二个问题则关乎"空间"与"人物",同样是历史研究中非常关键的两个要素。"空间"的意涵同样是多维的。中国道家讲有无虚实之对,"凿户牖以为室,当其无,有室之用"。[①] 我们当下,正是置身于一个用实的墙体所围筑的虚的空间里,所用的就是这个"无"与"空"。对于人类来说,空间的物理形态与文化意涵更多是被创造和赋予的,空间中物的关系(比如这里的课桌椅、讲台、投屏)及人的活动(比如当下的教学与研讨),让空间不断生成新的意涵,进而区分出不同功能和意义的空间,激发不同的认知、情感及心理效果。更不用说,在疫情形势下,我们的教学空间有时是被"虚拟"的,以具体的物质技术作为媒介,我们得以隔空教学,并且不断创生、拓展并界定各种新的空间——虚实之间的边界也因此变得模糊。在此情形之下,第二个问题所问的"你为什么在这里",也就有了新的内涵:首先,你其实不在"这里",你在"那里",你面对的也不是一块传统黑板或教室投屏,"这里"的影像、文字和声音,是通过二进制代码均质地传递到每一处"那里";其次,你可能因此而去思考,我们今天

---

① 王弼.老子道德经注校释[M].楼宇烈,校释.北京:中华书局,2008:26.

为什么会以这样的形式,散在这里和那里,开展教学与研讨。

由此自然涉入第三个问题:关于"活动"及其"意义"。历史研究需要聚焦人的活动,探寻此种活动发生的缘起、过程与影响,并且留心活动所在的时空背景以及特定时空之中,诸种条件对于活动的助推或制约。对于"意义"的追寻和确认,则是人之所以为人的天赋本能。我们这里所谓"意义",主要还不在于寻常所能直观理解的工具价值(比如修完这门课程可以获得相应的学分),还希望由此提示其中形而上层面的意涵。"意义"(meaning)这个词本身就很有意义,也是哲学和心理学高度重视的命题。人可以为意义建立起特定的评判标准,但却很难将意义视作外在于人的客观实在,因为意义本身需要通过主体的"意义感"来理解和确认。正因如此,"意义感"的维持与更新至关重要,"意义感"的失落与危机值得关注。对于"意义感"的追寻与确认,可能也是人作为"万物之灵"本能的动力源泉,当然其中也蕴含了弱点所在,这是古往今来人类需要直面的重要命题和挑战。韦伯讨论现代世界因为"理性化"和"理智化"引致的"祛魅"(disenchantment)问题,其命运便是"那些终极的、最高贵的价值,已从公共生活中销声匿迹"[①]。虽然其指涉语境主要是在西方,不过其中多有人类共同面临的困境:"祛魅"之后,对于"意义"的追寻与安顿面临诸多挑战,今天这个问题似乎尤为突出,值得留意。

二、史学的要素、书写与思维

上述三个问题及其拓展讨论,涉及几个关键的概念范畴:时间、空间、人物、事件、物质/技术与意义,这些实际就是历史(历史事实)及史学(历史书写、历史评价)中重点关注的核心要素。我尝试以"人事物理"四字概述历史研究的旨趣:因其人,见其事,察其物,明其理。对于这些要

---

① [德]马克斯·韦伯.学术与政治[M].冯克利,译.北京:生活·读书·新知三联书店,2016:48.

素的联通与把握,有助于我们在更加整全的视野之下,理解更加复杂的系统之中的变与不变,进而帮助我们更加富有理据、理性平和地去思考问题和解决问题,这是历史思维的要义所在,也是此类学问之为"通识"的价值所在。关于此理,年鉴学派开创者之一马克·布洛克曾谓:"历史学以人类的活动为特定的对象,它思接千载,视通万里,千姿百态,令人销魂,因此它比其他学科更能激发人们的想象力。"①从中更能见其意涵与境界。综上所述,可将历史研究中的时间、空间,以及人、事、物、理等基本要素及其关联汇总如图0-1所示,以便明晰。

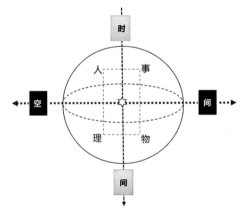

图0-1 历史研究内涵要素简图

即便不去无限追溯邈远的自然历史,单看人类历史,也是异常丰富、多元和复杂的。正如早期"新史学"的代表人物美国史学家鲁滨孙所谓:"从广义来说,一切关于人类在世界上出现以来所做的或所想的事业与痕迹,都包括在历史范围之内。大到可以描述各民族的兴亡,小到描写一个最平凡的人物的习惯和感情。"②因此,历史书写同样复杂而多元。不过,我想

---

① [法]马克·布洛克.历史学家的技艺[M].张和声,译.北京:北京师范大学出版社,2014:24.
② [美]詹姆斯·哈威·鲁滨孙.新史学[M].齐思和,等,译.北京:商务印书馆,2012:1.

提示一个大家可能不太愿意接纳的事实,就是今天我们的这场教学活动,除了你可能在微信朋友圈或其他平台"自晒"陈述,有极大的概率不会被写进历史——不仅不会被写入人类的宏观"大历史",就算几百年后华东师范大学编纂校史,大概也不会将今天的这场活动写入其中。

为什么如此?答案似乎很简单:因为这场活动缺少足够的"重要性",因此也没有多少"历史意义"。确实,我们都是这所大学中非常普通的师生,这里也只是这个庞大组织内千百个同类活动中的一个普通场景。这里没有名家大儒讲学,没有突破性成果发表,也没有"高光时刻"需要播报。不过,如果稍微驻足思考,我们就会发现,在不同的参照尺度上,"意义"本身可能是多维的:这场活动对于一个庞大组织来说可能微不足道,但对于亲身经历、认真参与的每一个具体的"人"来说,却不尽如此。更为关键的是,即便是一个庞大复杂的组织,也不总是随时都有"高光时刻"可以播报记录。绝大多数时候,在该组织中占绝对多数的人群,仍然过着看似波澜不惊的职业生活与私人生活,而这正是平稳发展的关键特征。在此意义上,常人的日常并非毫无价值可言。法国著名思想家列斐伏尔甚至特别强调:"历史、心理学和人类学一定要研究日常生活。"①

讲到这里,大家或许已经有些书写历史的兴趣或"冲动"了。既然若干年后的大历史书写不大可能纳入今天的活动,那我们可以考虑自己来书写"历史",至少可以留下一些"史料"。大家可以尝试每人以五百字左右的篇幅,写下今天这里发生过什么。事实上,这门课程的备选作业方案之一,就是以生活史的视角,系统记录和反思自己修读这门课程的经历。结果你会发现,每个人的书写角度、内容侧重以及评价体会各有不同。哪一个版本才是今天"真实"的历史呢?这已经是我们亲身经历、亲自书写的文字,尚且如此。设想几百年后,如果真有一位历史学者,拿到

---

① [法]亨利·列斐伏尔.日常生活批判(第一卷)[M].叶齐茂,倪晓晖,译.北京:社会科学文献出版社,2017:126.

我们今天写下的部分文字残留记录,结合诸如今日国家高等教育规章、华东师范大学教务规程、课程安排、评教记录等资料,充分驰骋合理的想象,以其可以调用的书写体例和言说方式,希望重建今日的这个"历史场景",会与事实相去多远?

对此,我们或许再有质疑:此种情况,乃是因为此前的历史记录方式较为有限,信息损耗较多所致。确实,今天我们可以通过录音、录屏、摄影等方式,留下更为丰富和鲜活的记录。但是,即便是让一场活动置于"全景敞视"的摄录设施之中,完整录下整场活动,是否就意味着完全保存和重现了历史?很遗憾,答案仍然是否定的,因为这场活动中个体瞬息万变的心理活动和情感体验,无法以此种方式完整记录和准确解读。仅以这项近在咫尺的活动参与及"思想实验"为例,相信大家已能初步体察历史书写的意趣、复杂与挑战。涉及重大事件的历史进程,又更为复杂。当然,在提示其中多元复杂的同时,我们仍要避免彻底的相对主义乃至极端的虚无主义。具体而言,无论被如何记录和诠释,在事实本身及研究规范上,都无法否认曾有这场活动,包括活动发生的时间、地点及参与人物这些基本要素;[①]至于活动的内涵、过程及意义,则多有可以诠释阐发的空间。进一步说,来自后现代主义的反思与批判,可为历史学自身的丰富和完善提供重要助缘,不过后现代本身"破多立少"的整体问题,其限度也值得研究者充分警觉。

在以上的简要解析和例证中,我们实际已触及了历史哲学中的一些关键问题,比如历史研究的对象与主题,历史书写的主体及形式,历史思维的特点及限度,以及历史与现实的关联互动等。这也部分印证了英国史家卡尔的名论,"历史是历史学家与历史事实之间连续不断的、互为作用的过程,就是现在与过去之间永无休止的对话",而且这不是"抽象的、

[①] 偶尔确有因为既定书写目的,有意改变、增减关键历史事件中的时间、地点及人物,同样值得留意。也正因为此类元素有其客观一定,才能据以验其真伪。

孤立的个人之间的对话,而是今日社会与昨日社会之间的对话"。① 这些问题,在专业史学中都属于"大哉问"的层次,各有专门研究加以深入剖析。本门课程并非史学概论,无法面面俱到,我们主要是通过生活史研究所能关涉的部分议题,加以探讨、省思和拓展。

三、本书的旨趣、结构及内容

本门课程暨本书的旨趣,是在历史学的整体视野之下,专就其中"生活史研究"所关涉的一些具体议题稍作梳理和分析。由于课程初期是为华东师范大学教育学部硕士研究生开设,因此其中也会较多结合教育问题展开。当然,大家完全不用受限于"教育学+历史学=教育史"的简单思路,认为此门课程涉及的问题只有教育史专业的同学才需要关注。经过多轮教学后的不断调整,以及成书过程中的实质增补,希望使之略具整体通识及专题深入的特点,让不同专业背景的修课同学都能有所感发,并获得按图索骥的文献指引。

在此,请让我转引英国史家阿克顿晚年对于史学所作的自信论断:"每一门学科必须有自己的方法,除此之外,它们必须拥有一种可以应用到它们全部而且又相同的方法:历史的方法。"而且,"历史不仅是一门特殊的学问,并且是其他学问的一种独特的求知模式与方法。"② 这诚然是富有吸引力的宣言和境界,指明在今日跨学科的方法论语境中,历史学识及史学方法的独特价值。当然,以本人有限的学力和短暂的课时,没有可能呈现面面俱到的指南,而是在知见范围之内、因应教学对象而选择呈现部分主题。现将本书正文篇章结构及其逻辑关系略述如下。

第一章为学理基础,侧重分析生活史研究的概念、旨趣及其基本学

---

① [英]卡尔.历史是什么?[M].陈恒,译.北京:商务印书馆,2016:115,146.
② 引自黄进兴.思想的芦苇——黄进兴自选集[M].上海:上海人民出版社,2017:108.

理。第二章为研究回顾,主要在中西史学的传统及其变革背景之下,追溯生活史研究的发展历程,举述其中的代表论著。第三章为范例评介,精选三部由中外学者分别完成、聚焦中国历史与社会的生活史关联著作,加以解析导读。第四章为写作要领,主要从史料范围、选题视野及呈现形式等方面,探讨生活史研究的写作要旨及其限度。第五章为案例自述,尝试以本人的三项微观研究为例,讲述其中的选题、写作及反思历程,作为辅助参考。第六章为教学叙事,纳入本人开展日常教学的部分片段记录与省思,以为叙事拓展。结语之后,并附书目解题,简介对于生活史研究富有参考价值的重要著作,以供读者按图索骥,拓展研习。整体而言,这本讲义型著作尝试包含有关生活史研究的学理基础、研究回顾、范例评介、写作要领及案例自述,并融入对于教学过程的部分记录、引证和反思,以期教学相长。

　　本书主题名为"凝视日常","日常"的意涵和意义,上文已有涉及,正文也将继续发挥。至于"凝视"一语,则重在提示,在静观注目的状态下,我们对于认知对象的明澈体察。其中所关涉者,又不仅在于研究对象一方,还有研究者自身主动、自觉地参与。一如王守仁所谓:"你未看此花时,此花与汝心同归于寂。你来看此花时,则此花颜色一时明白起来。"正是由于有自觉的"凝视",我们有机会得见此花,得知此花颜色,而且得明看花之心和赏花之境。希望通过这番研习、阅读和思考,我们大家都能"明白"点什么;当然,只是明白似乎也不足够,王阳明先生还有一句同样发人深省的话:"知而不行,只是未知。"①

---

① 此处有关王阳明的两句引言,见王守仁.王阳明全集(上)[M].吴光,等,编校.上海:上海古籍出版社,2014:4,122.

第一章
学理基础

生活史研究，顾名思义需要关注"生活"。此理看似平淡无奇，不过如若细加思量，就会发现其中蕴含诸多连带问题：何谓生活，研究何种生活，研究谁的生活，为何需要关注生活，个体生活缘何关乎整体历史，生活史研究归向何处……对于这些问题的探讨，有助于我们认识生活史研究的学理基础，理解其局限所在，进而思考可能的弥补之法。

一、生活史研究的意涵及旨趣
（一）基本概念及其意涵辨析

生活史研究的关注要点及立论取向，学界在具体论说和研究实践中，更多是以"日常生活史"(the history of everyday life 或 the history of daily life)之名展开。整体而言，生活史研究关注常人的日常生活；分析而言，则可发现不同的人的日常生活差异甚大，乃至界定"常人"的标准也并非恒常不变。更为重要的是，重视常人的日常不只关涉研究对象，还会直接指向研究立场及研究方法。在德国学者主持编纂的《历史科学基本概念辞典》中，开篇即是阿尔夫·吕特克所著的"日常生活史"(alltagsgeschichte)词条，并有如下界说及讨论：

> "日常生活史"这一概念指的是一种观点，而不是一种独特的研究对象。相反，所谓"小人物的历史"(geschichte der

kleinen Leute)的说法虽然提出了重要视角,却局限于社会的一部分群体。另一种常见的说法是"下层历史"(geschichte von unten)。它指出了一种视野转换,即不再从"关键部门"的视野出发,而是把关注点放在实践的过程——在这一过程中,关键部门被占领和巩固,"众人"受到苛求,或主动承受着重负与苦楚。……日常生活性并非一种个别学科的主题。参与者包含了视觉艺术、表演艺术与文学艺术,以及那些联系到这种表现形式的科学。就这一点而言,日常生活史既不是一种自我隔绝的计划,也不会转瞬即逝。①

这篇词条中的论说,有几点颇具启发意义。首先,不同于寻常的理解,作者并未将"日常生活史"直接视为一种研究对象,而是"一种观点",并且尝试辨析此种观点与通常所谓"小人物的历史"及"下层历史"两种说法之间的异同。其次,特别标揭"日常生活性"的概念,并且在德国政治与学术的变迁语境中,指出强调日常生活性,乃是对于历史社会科学批评传统历史科学的再批评;同时认为,此种取径可能也适合用于分析20世纪人类的独裁体制,"以发现'横亘'在社会与统治背景下的日常生活性"。再次,作者强调日常生活史乃是"以行动为导向的视角",其实践者"不但从小处着眼,书写'宏大'历史,而且'自下而上地'对'宏大'历史重新理解,重新叙述"。此外,作者还提示日常生活史研究中"无名者被英雄化或浪漫化"的可能问题及后果,发人深思。

还应辨析的是,所谓"日常"之"常",实际也是处于流动之"变"当中。尤其是政治与社会结构的巨变,通常会对日常生活带来广泛而深刻的影响。此种变迁与多元,不仅存在于不同文化、社会与地域之间,即便是在同一社会文化系统之内,不同时代的"日常"同样变动不居。农业时代、

---

① [德]斯特凡·约尔丹.历史科学基本概念辞典[M].孟钟捷,译.北京:北京大学出版社,2012:1—4.

工业时代和信息时代的人类,其生活起居、劳作模式、休闲方式、时间观念及心灵安顿,都会呈现诸多不同,值得研究者充分注意。

由于生活史研究对象广泛而细微,研究取径通常采取深描细述的形式,因此也从"微观史学"(microhistory)中取资甚多。或者说,生活史研究的不少学术作品,本身就是以微观史的视角和形式来呈现的。相对而言,微观史的概念可能比生活史还更广为学界内外知晓。意大利微观史学先驱乔万尼·莱维在其《论微观史学》一文中认为,微观史学实践"本质上是建基于考察规模的缩小,显微镜式的分析以及文献材料的深入研究";但他同时提示,此种界定实际有引发歧义的可能,因为其中首要关切的是"构成史家工作的事实性的细节的程序,因此微观史学不能由关涉其研究对象事物的微观面向来界定"[①]。换而言之,研究对象的规模(scale)本身,并非微观史学的唯一甚至也不是最为关键的界分因素。在德国史学的代表理论中,微观史学被视作社会史、文化史与经济史的一种视角,揭示了史学研究"从一种方法与视角的转变中获取其认识的可能性",其转变核心在于"缩小历史学家的观察视角",以期达成弥补宏观史学"直观性与细节性缺陷的使命"[②]。《不列颠百科全书》也将微观史置于社会与文化史(social and cultural history)类目之下,认为典型的微观史是以被社会边缘化、常被社会史及正统政治史所忽视者作为其中心人物;同时指出,边缘只能相对于典型而被界定,而唯有社会史才能提供"典型"[③],进一步提示了研究对象范畴的相对性。

透过上述论说,可以拓展申论关涉微观史学的几层重要问题。其一

[①] Giovanni Levi. On Microhistory[A]. Peter Burke, ed. New perspectives on historical writing (Second Edition)[C]. Pennsylvania: The Pennsylvania State University Press, 2001: 97, 99.
[②] [德] 斯特凡·约尔丹.历史科学基本概念辞典[M].孟钟捷,译.北京:北京大学出版社, 2012: 187—189.
[③] Richard. T. Vann. Historiography, Encyclopedia Britannica [EB/OL]. (2021-11-17) [2022-08-22]. https://www.britannica.com/topic/historiography.

是研究对象。对象规模较小、对象阶层较低是微观史学的重要特征,但并非界分微观史学最为关键的排他标准。其二是研究方法。细致入微地解析研究素材,甚至兼顾呈现研究过程本身,乃是微观史学的核心标识。其三是研究表达,常以深描的形式和细腻的笔法体现其直观、细节及生动,这方面更多是得益于人类学的启发。其四是研究立场,所谓微观与宏观、例外与典型、边缘与中心,都是相对而言而且可能相互转换的范畴,不宜执守一端而不察其会通。这几层重要内涵,均可迁移至体现微观史学特征的生活史研究之中。

总结而言,今日学界论及日常生活史研究,主要溯源上述两种学术传统:一是德国的 *alltagsgeschichte*(日常生活史),一是意大利的 *microstoria*(微观史学),并指出"两者均强调对市井小民的历史作深入的叙述,并赋予在日常生活场域中的能动性(agency),同时批评社会科学式、结构论式的历史研究"。① 此即生活史研究基本概念及学术渊源之所由来。

(二) 历史观与方法论的双重变奏

日常生活史研究自20世纪七八十年代开始兴起,至今已颇受重视。其兴起与发展,兼涉历史书写中历史观和方法论两个层面的根本转变。此种转变背后,又与20世纪人类历史的演进大势及学术范式的迁移密切关联。学术发展不应也很难完全自外于社会变迁,考察生活史的兴起与发展,应当将其放在此种宏阔背景中加以观照。由此可以得见,此种研究路径之兴起,实际是"外部影响"和"内在理路"共同作用的结果。

其实,百年之前梁启超论史学观念之革新,已称应当"以史为人类活态之再现,而非其僵迹之展览;为全社会之业影,而非一人一家之谱录。

---

① 连玲玲.典范抑或危机?"日常生活"在中国近代史研究的应用及其问题[J].新史学(台北),2006(04):259.

如此,然后历史与吾侪生活相密接,读之能亲切有味;如此,然后能使读者领会团体生活之意义,以助成其为一国民为一世界人之资格也"。① 吊诡的是,近代以来专业历史研究的分工与发展,一则强调其客观与科学,同时求其专精与深入。结果,作为整体的、兼具感性及理性而存在的人,在多数历史书写中逐渐被肢解、模糊、隐退。取而代之者,或是冰冷而抽象的统计数据和图表,或是结构、阶级、国族、文明、革命、启蒙等宏大叙事,或是高度脸谱化、理想化的精英和领袖,或是以论带史的"历史规律"和古为今用的"历史智慧"。作为曾经真实存在的"人"被抽离了,消失于历史书写之中。② 专业史家写作了卷帙浩繁的各类史书,但却鲜少能告诉我们,在过往的绝大多数时间里,占人类绝对多数的普通人究竟是怎么生活的;专业史学在先后覃研政治史、军事史、经济史与社会史之后,过往多数人生活过的世界,对大众而言仍是一幅幅隔着幕帘的低分辨率图景。日常生活史的研究,很大程度上即是因应此种困局而兴起。

从历史观而言,日常生活史取向的兴起,也反映出在民主、平权及独立思潮的影响下,当代历史研究对精英—民众、男性—女性、边缘—中心等议题的反省与转向;同时,这也体现出经历两次大战重创和世界格局重整之后,当代心灵对启蒙运动以来所树立的现代性、科学、进步、理性等宏大叙事的深刻反省和批判。美国历史学家伊格尔斯论述此种背景对于历史编纂学的影响,指出20世纪60年代以后"从精英们的身上转移到居民中的其他部分,从巨大的非个人的结构转移到日常生活的各种现实的方面,从宏观历史转移到微观历史、从社会史转移到文化史"。并在其综论20世纪历史学的著作中,为"日常生活史"辟出专章。③ 分而言

---

① 梁启超.中国历史研究法 中国历史研究法补编[M].北京:中华书局,2015:4.
② 关于20世纪史学中"人的消失"问题的省思,详参王汎森.思想是生活的一种方式:中国近代思想史的再思考[M].北京:北京大学出版社,2018:314—350.
③ [美]伊格尔斯.二十世纪的历史学——从科学的客观性到后现代的挑战[M].何兆武,译.沈阳:辽宁教育出版社,2003:中文版序言3,116—135.

之,其中关涉的问题首先是"谁的历史",亦即历史由谁书写和诠释、谁/什么可以成为历史书写的对象;其次是"如何写史",具体涉及历史书写的视野和进路、范式与体例,以及方法和工具等问题;最后还触及"何为历史"这一根本问题,因为日常生活史的兴起和发展,正是处在后现代主义的深广影响之中。对于传统史学所追求的如实秉笔、客观中立、重视全局、还原事实乃至探寻规律等所谓"高尚的梦想",日常生活史研究与之既有相契之处,也有不少"背离"和修正。

上述关涉日常生活史(the history of everyday life)、微观史(microhistory)以及"下层历史"(history from below)的论析,都共同指向"民众/人民"作为历史书写对象和主体的必要。其中兼涉的历史观与方法论议题,诚如美国史家安德鲁·波特所言:"'民众的历史'(people's history)聚焦于普通民众的生活,着眼于他们的挣扎、日常实践、信仰、价值观念与心态。受到年鉴学派及文化人类学影响,但是反对传统社会史学之强调社会结构与连续趋势,其实践者强调个体能动的重要性,并尝试展现生活经验的复杂性、身份认同的流动性,以及意义的主观性本质。"①关注日常生活,但又不囿于琐屑日常所限,是日常生活史研究的必要追求。

(三) 通向"文化"理解的生活史研究

看似琐屑庸常的生活史研究,还是通向理解"文化"这一复杂概念、现象和过程的重要途径,这也是生活史研究蕴含的重要旨趣和价值。其中道理在于,文化、生活与"人"之间,实际密不可分。

何谓"文化"? 古今界定甚多,言人人殊,此处不能备举通释,仅拟提示两端:一为"文化"语源本身的动态意蕴,一为"文化"与生活的内在关

---

① Andrew I. Port. History from Below, the History of Everyday Life, and Microhistory [A]. James D. Wright, ed. International encyclopedia of the social & Behavioral sciences (Second Edition) [Z]. London: Elsevier, 2015: 108.

联。无论古典中文之"人文化成""以文化之",抑或西文语境中,西塞罗所谓 *cultura animi* (cultivation of the soul) 以及拉丁词 cultus、colere,均含教行、生成、转变,或耕耘、培植等动态意蕴。中文以"文化"对译英、法文之"culture"或德文之"Kultur",并逐渐将之用作名词,乃晚近之事。《剑桥英语词典》将"culture"释为"特定人群在特定时期之生活方式,尤指其共通习俗及信仰"。① 与此相类,日本权威辞书《广辞宛》释文化(culture)为:"人类加工自然而形成的物质精神两方面的成果。包含衣食住以及科学、技术、学问、艺术、道德、宗教、政治等生活形成的方式与内容。"② 以上均强调其中的属人特征、生活属性及多维呈现。钱穆亦谓,"文明"与"文化"都是"指人类群体生活言",但进一步指出,"文明偏在外,属物质方面。文化偏在内,属精神方面"。③ 卡西尔之论"人",则谓人的突出特征,乃是可以运用符号而创造文化,因此文化实质上是"人"的外化和对象化,亦即"符号活动的现实化和具体化"。④ 二者更加强调文化作为一种结果之外的生成过程。诸种界说路径各异,而其核心均可提示:论及"文化",不可须臾离开人,因为"文化"关乎人的社群和人的生活,甚至可以说,文化即"人化"。

以要言之,文化的创生与赓续,乃至"文化"一词的意蕴本身,实际已深刻指涉其生活性、人文性与实践性。离却生活,文化将失其根基;舍弃人文,文化即损其价值;忽略实践,文化就无异空谈。⑤ 生活史研究的对象单位,哪怕只是一个普通个体,或是截取一个寻常片段,也都像一片树叶,必是来自一株树木,而此树木必是生长于特定环境。一方面,个体受

---

① Culture. Cambridge Dictionary Online[EB/OL].[2018-10-5]. https://dictionary.cambridge.org/dictionary/english/culture.
② [日]新村出.广辞苑(第六版)[Z].上海:上海外语教育出版社,2016:2506.
③ 钱穆.中国文化史导论[M].北京:九州出版社,2011:弁言1.
④ [德]恩斯特·卡西尔.人论[M].甘阳,译.上海:上海译文出版社,2013:中译本序12.
⑤ 由此可知,提倡文化传承诚然重要,不过如果离却"文化"之生活与实践意涵,学而不习,就会导致讲者日多,行者日少,犹如释家所谓"口说王膳,不得一饱"。

其所在群体及文化背景的浸染,打上特殊的文化及时代印记;另一方面,从"文化生产"的角度审视,个体在其能动的生活实践之中,也在不断地界定和生产着各个层次的文化,并赋予其鲜活的经验意义。透过这些视角将文化与生活加以"去熟悉化"的审视,才能折射出其中常被遮盖的重要意涵。

二、生活史研究的视野及取径

应当指出,生活史研究乃是当代历史研究中的一种视野(perspective)和取径(approach),而非一种特定的方法(method)和具体的领域(area)。没有任何一种研究方法,是生活史研究所专属和独有的;历史研究中通行的原则和方法,均可为生活史研究所借鉴和运用。当然,过去数十年的日常生活史研究,确已形成一些独有的研究特色,比如研究范围微观化,目光向下,研究内容包罗万象,尝试重建"全面史",以及"他者"立场的解释,拓宽史料来源等。[①] 常建华也曾概括日常生活史研究的三个特点:一是生活的"日常性",二是一定要以"人"而不是"物"为中心,三是重视日常生活的"综合性"。[②] 以下侧重从研究视野及取径出发,阐发其中常见的五种关键视角。

(一) 常人视角

常人乃与精英相对而言。所谓常人视角,在研究对象方面而言,首先指的是研究与"精英"相对的"常人"。传统史学书写的对象,主要是政治场域中的帝王将相,战争变乱中的英雄豪杰,以及文化科技领域的俊彦硕学,皆属一时之精英人物。当年梁启超欲破旧史而立新史,有谓"二十四史非史也,二十四姓之家谱而已"。[③] 按实征之,其言稍过,但所揭示

---

① 刘新成.日常生活史与西欧中世纪日常生活[J].史学理论研究,2004(01):35—47.
② 常建华.从社会生活到日常生活——中国社会史研究再出发[N].人民日报,2011-03-31:7.
③ 梁启超.中国历史研究法 中国历史研究法补编[M].北京:中华书局,2015:182.

的问题大致不差。此后史观逐渐移易,虽称人民群众才是创造历史、推动历史前进的主力,但在研究实践中,正如王笛近言,"一些历史学者根本没把人民放在眼里"。① 日常生活史的研究,应该更多关注过往研究相对忽视的普通人士,他们才是构成人群的绝对多数;理解常人之日常,实际更有助于认识过往社会主体之常态。

其次,常人视角还指研究作为"常人"的精英。过往研究不仅大多集中于精英人物,而且很多时候,也有过早、过高、过度提振精英人物形象的倾向。中国史学素有为尊者、亲者、贤者讳的传统,以及隐恶扬善的道德意识。现代史学研究人物时,也曾非常注重对其进行定性和评价。影响所及,塑造的人物无论是所谓正面还是反面,都有某种脸谱化、抽象化的倾向,所见多是标签化、去生活化的论述,曾经鲜活存在的人在历史书写中被抽空,真正的人消失了。更有甚者,有些研究以后格前,如倒放电影一般,为了符合对历史人物的后设评价,过早、过度渲染其早期乃至孩童时代的正面或负面经历,给人一种"此非常人,必为神圣/邪恶"的刻板印象。凡此种种,不一而足。事实上,精英人物和普通人物都有共同的第一属性——"人",皆有七情六欲;精英人物自有其过人之处,但同样有错漏频出、滑稽荒唐之时。在日常生活史的视野下研究精英人物,不应只看重其功业,此皆其"身外"的事与物;更应将其视为常人,研究其"身内"之事与物,如其生活、情感、心态、记忆等。唯有如此,才能更加真切立体地认识和呈现人物,而且此种功夫对深切理解和评价其功业也不无裨益。例如,过往研究蒋介石,多注重其政治与军事领域的重大事迹,近年随着其日记原稿及档案的开放,不少研究转而关注其日常生活、阅读、情感、信仰等主题,希望从中"找寻真实的蒋介石"。②

---

① 王笛.一些历史学者根本没把人民放在眼里[EB/OL].(2018-11-04)[2022-08-20]. https://www.sohu.com/a/273163280_187268.
② 吕芳上.蒋介石的日常生活[C].台北:政大出版社,2012.

最后，史家以常人视角研究常人之日常，更需清楚地意识到其中既存的文化精英视角与庶民生活视角的分野与紧张。史家也需明确意识到，自己亦为"常人"。虽然，任何研究和观察都不能避免"他者"身份的疏离和视角的偏差，但史家自身时存常人之心，首先可以在研究和观察中更以平常心、平等心、同理心对待研究对象；尤其是所面对的常人大多无法像研究者一样依靠"文字权威"表达意见时，不会视彼为无知氓愚，视己为救世精英。其次，以此常人常心，史家更能对研究对象的处境与抉择作设身处地的论析。所谓人同此心，心同此理，古时儒者遭遇困厄，每念"圣人处此，更有何道"；史家对历史人物百思不得其解，亦可稍念"我若处彼之境，当有何为"。如此，史家或能在下笔时多些共情与敬意，少些疏离与张狂。

（二）日常视角

日常乃与剧变相对而言。日常者，日复一日，琐屑庸常，似乎乏善可陈；剧变者，一日千里，精彩纷呈，无处不当浓墨。转而言之，常乃常态，变乃变态；常乃恒久，变乃暂时；常乃普遍，变乃特殊。生活史研究转入日常取向，正是要弥补过往研究大多喜变厌常的取向。比如，不少研究着墨于战乱、革命、风潮、事件，而少关注变起于常，终归于常。就历史时间维度而言，研究中固然不能略去朝代更迭、征伐改革等主题，而承平日常之时，实际才是一代制度运作与效用所在；就具体历史人物之人生与思想而言，固不能忽视其转捩关键及浮沉大事，也不宜忽视其平居日常。在讨论所谓"一等题目""二等题目"时，王笛亦有此问："其实，每天的日常生活，较之突发的政治事件，难道不更贴近我们的命运吗？"[①]

以近代高等教育研究为例，近来不少学者颇重研究其中之运动、风潮、内外之政治、易长等，此固题中应有之义，然亦多重其变，而少见其

[①] 王笛.茶馆：成都的公共生活和微观世界，1900—1950[M].北京：社会科学文献出版社，2010：中文版序 14.

常。实则,高等教育之根本宗旨何在? 谓研究高深学术、作育高等人才也。如此,若仅研究一时政治之牵涉、人事之勾斗,舍其学人、学科、学术而不论,舍其师生、课程、教学、活动之日常而不讲,于其教育本质而言,则难免游离于外而未见其内。

有关此一取向的理论探讨及具体实践,周勇曾借助"知识系谱"的分析,指出现代教育在寻求新的教化力量、扬弃古典教育问题的同时,也引发了知识教化权力与个人日常生活相互冲突这一教育的现代性问题。周勇进而提出中国教育研究中的可能视野,即"考察决定学生日常处境的知识权力机制在时空上的变化,并以叙事语言揭示不同学生与知识权力之间的作用关系"。① 熊和平等人则对学校场域中"空间""物件"与"符号"等投以特别的关注,②其研究虽然并非尽采历史视角,然其透过日常、微观物件检视特殊知识、权力、生活经验的独特取径,可为教育生活史研究提供不少有益的参考。

(三) 微观视角

微观乃与宏观相对而言。历史研究中,向有"大题小做"和"小题大做"两种典型路向,本无优劣之分。梁启超论读史经验,亦有"飞机式的读史方法"(鸟瞰式)与"显微镜的读史方法"(解剖式)两种,并强调二者不可偏废。③ 日常生活史研究旨在通过对日常细节的深挖细描,揭示其背后的深层文化意涵,因此多数选题属于微观视角。从实际研究的可操作性来考虑,"小题大做"的微观视角仍有其独特优势。

所谓微观视角,主要有以下几种处理方式。首先,在时间跨度上,通常取某一较短的特定时段入手,在关于唐宋以降的中国历史研究中,多

---

① 周勇.现代社会中的知识与教育冲突[J].教育研究,2003(03):21—25.
② 陈广春,熊和平.书包的形制与教育规训[J].全球教育展望,2015,44(12):42—47.熊和平,王硕.教室空间的建构及其对课堂教学改革的启示[J].教育发展研究,2017,37(Z2):25—30.
③ 梁启超.中国历史研究法 中国历史研究法补编[M].北京:中华书局,2015:232.

见专论南宋、元代、明末(明清之际)、盛清、晚清、五四、民国"黄金十年"(1927—1937年)、抗战时期、"文革"期间等时段的论著,或是将研究范围定于某一事件、机构、人物生命之起止等。反之,如果选题所涉过于宏大宽泛,动辄纵论数百年乃至上下数千年,除非有深厚积累和深刻洞见、可作"大历史"书写者,否则难免陷入兼顾周全但浅尝辄止的困境。其次,在空间范围而言,也多见从局部地域切入者。中国幅员辽阔,地域经济、文化差异极大,若要笼统泛论,则难免以偏概全,消解内部的复杂与多元,下文详论。再次,在研究对象的选择上,既有针对社会中的某一类人物或群体,如李林之研究末代进士,胡悦晗之研究民国知识人等;①更有偏向作个案深入研究者,如张德昌之研究清季京官李慈铭的生活,史景迁之研究清初山东无名妇人王氏,沈艾娣之研究清末山西举人刘大鹏等。②研究对象益见微观具体,解析描摹遂得以生动详尽。最后,在研究的具体切入点上,日常生活史不仅关注群体或个体在关键时刻的所言所动、所思所虑,更将目光投向其日常饮食起居、宴饮唱酬、食色男女、阅读书写等实践,以期由常人之日常中,得见文化与社会之常情与常态。

当然,研究视角的微观,并不必然意味着研究意涵的局限。事实上,但凡成功的生活史和微观史研究著作,皆能在其中尽展其析微见著的功夫。例如,史景迁钩稽王氏的生活与遭遇,呈现的是清初秩序重建中北方细民的生活与信仰世界,以及帝国权力末端县政的具体运作。孔飞力讲述"叫魂"的流俗与恐慌,揭示的是盛清社会的危机种子,以及帝国官僚系统的运作问题。③沈艾娣透过刘大鹏的生平,讲述清末民初文化传

---

① 李林.最后的天子门生:晚清进士馆及其进士群体研究[M].北京:商务印书馆,2017.胡悦晗.生活的逻辑:城市日常世界中的民国知识人(1927—1937)[M].北京:社会科学文献出版社,2018.
② 张德昌.清季一个京官的生活[M].香港:中文大学出版社,1970.史、沈之书详参第三章"范例评介"。
③ [美]孔飞力.叫魂:1768年中国妖术大恐慌[M].陈兼,刘昶,译.上海:上海三联书店,2014.

统更新与延续的困境,以及内地省份山西经济结构的变迁。王笛透过成都茶馆变迁,想探讨整个20世纪"民众与公共空间、街头生活与公共生活的关系,探索国家(state)在公共空间的政治话语是怎样建立起来的"。① 周锡瑞透过天津叶氏的家族史,讲述近代中国百年动荡中一个显赫家族的兴衰浮沉,可谓"一叶知秋"。②

(四)地方视角

地方乃与中央相对而言。从政治意义上来说,传统中国确实是高度中央集权的政治体制,令出于上,乃至出于一。影响所及,既往研究中多数采取由上而下的视角,即王朝—国家如何统治、动员、影响地方社会。但从文化意义上来说,中国幅员辽阔,地域文化特色鲜明,所谓齐鲁文化、吴越文化、岭南文化、巴蜀文化等划分,已属粗略;各自系统之内,更有丰富的文化子系统,乃至不能归入"系统"的文化与生活。何况,历经数千年的演变、叠加、交流,即便同一文化子系统内部也是错综复杂,丰富多彩。在经济意义上,施坚雅等早期着力论述基于自然地域、市场贸易而形成的区域体系,③亦指向笼统整体观念之不足。如果研究中尽采用由上至下的视角,忽视地方视角与地方知识的独特属性,将会造成重大缺憾。

中国研究学界近年的实践中,地方视角日益得到重视。其中,对此标举甚明且成果显著者,当属学界盛称的"华南学派"。该学派受早期中国学者的社会经济史和制度史研究、日本学者的地域研究以及人类学者对华南地区的研究影响,重视反思在传统"大一统"史观下,自上而下研究帝制中后期中国历史的不足之处。由此,"历史人类学"的倡导与实践

---

① 王笛.茶馆:成都的公共生活和微观世界,1900—1950[M].北京:社会科学文献出版社,2010:中文版序5—6.
② [美] 周锡瑞.叶:百年动荡中的一个中国家庭[M].史金金,等,译.太原:山西人民出版社,2014.
③ [美] 施坚雅.中华帝国晚期的城市[C].叶光庭,等,译.北京:中华书局,2000.

力图透过自下而上的视角,重塑帝制后期王朝—国家进入地方社会的进程,以及地方社会的应对。在研究方法与材料上,该学派结合人类学的田野实践,在传统官方文献之外,尤其重视地方文献的在地发掘和解读,并通过对宗族实践、信仰、仪式、商业活动等的考察,重新发掘中国历史的另面。该学派核心研究群体及田野地点,起初均在华南的珠三角地区,近年已"走出华南",延及西南、华北乃至西北等地,①引起中国研究学界广泛重视,可称为近年坚持地方视野展开研究的典范。该学派对普通人及宗族实践的关注,也可以为日常生活史研究提供参鉴。

也应指明的是,此处对地方视角的倡论,目的是在日常生活史的微观视角之下,充分重视和发掘地方文化与生活样态的独特性、丰富性和复杂性,并非指向解构"中国"。对于何谓"中国"的议题,乃近年学术界着力申论的热点之一,其中有纯粹的学术争鸣,有对于文化多元的坚守,也有意识形态的交锋。② 对地方视角的重视,实际是要看到中国历史文化演进中"大传统"与"小传统"的共存与互塑,而非仅以大传统来代表和掩盖小传统,或以后来者代表和掩盖全部事实。不夸张地说,不少人口中和脑中的所谓"传统中国"形象,实际上多是明清时期江南地区的局部样态。此种情况的出现,很大程度上应当归咎于传统研究中由上而下、以大掩小的不足。生活史研究中对地方视角的重视,对于丰富认识中国这一"不断变化的复杂共同体",③裨益甚多。

(五) 边缘视角

边缘乃与中心相对而言。与传统史学选题不同,在聚焦微观的常人

---

① 有关历史人类学之旨趣与实践,可参阅学术专刊《历史人类学学刊》,以及科大卫.皇帝和祖宗:华南的国家与宗族[M].卜永坚,译.南京:江苏人民出版社,2010.科大卫.明清社会和礼仪[M].北京:北京师范大学出版社,2016.
② 见诸学术媒介之争鸣一斑,可参葛兆光,等.殊方未远:古代中国的疆域、民族与认同[C].北京:中华书局,2016.
③ 此语借自许倬云.说中国:一个不断变化的复杂共同体[M].桂林:广西师范大学出版社,2015.

生活史研究中,"那些被迫害的和被征服的人,那些被许多历史学家视为边缘人物而不予理睬,甚至通常全然无视的角色,在这里成了研究的焦点。"①过往中国历史与文化的研究,主要存在几个"中心":男性中心、成人中心、精英中心、中原—江南中心、汉文化中心。最近数十年的趋势,却是边缘与中心位置的逐渐转移。尤其是随着新文化史、历史人类学、生活史和微观史的兴起,学者逐渐将目光投向各种"边缘":女性、孩童、边地、少数族群,研究视野因之一新。比如,通过对其生活环境、拜祭仪式、口头传说的田野考察,学者对于因缺乏文字记录而"没有历史"的"水上人"(蜑户)展开跨学科研究,成绩斐然。②

当代史学对于"边缘"的重视,弥补了过往研究偏重"中心"的不足,甚至在一定程度上重新诠释了中心—边缘的相互关系。其中,也有一项议题应当引起研究者的重视和反思,即边缘群体的"主体性"问题。由于边缘群体在过去的历史记载中时常处于"失语"状态,如何在新视野的研究中,使之自己"言说",从而避免将指向边缘的研究仍旧变成中心对边缘的书写、建构和偏见,确实是一大挑战。③ 有鉴于此,日常生活史研究者更需要时存中立的自觉意识,并且在研究中充分认识到所用材料的"文本"性质及材料生产的"语境"特征;此外,还可以结合田野考察、口述访谈、影视记录等方式,弥补研究主体文字材料的不足。

以上出于行文及理解考量,论及每一种视角,皆采取两相对照的论说方式,即常人—精英、日常—剧变、微观—宏观、地方—中央、边缘—中心,以期凸显生活史研究视角。同时更要看到,每一对关系中的双方,都是"相反而皆相成"的,因为一方的存在需要以另一方为参照系,因此两

---

① [意] 卡洛·金茨堡.奶酪与蛆虫:一个16世纪磨坊主的宇宙[M].鲁伊,译.桂林:广西师范大学出版社,2021:iii.
② 贺喜,科大卫.浮生:水上人的历史人类学研究[C].上海:中西书局,2021.
③ 有关研究立场省思及方法实践,详参王明珂.羌在汉藏之间:川西羌族的历史人类学研究[M].北京:中华书局,2008.马健雄.再造的祖先:西南边疆的族群动员与拉祜族的历史建构[M].香港:中文大学出版社,2012.

者之间不仅不是完全绝缘孤立,有时还会互相转化,需要特别留意。

三、当代史学的关键转向与生活史研究

20世纪的人类历史可谓波澜壮阔、大开大合;20世纪的史学书写同样百花齐放、精彩纷呈。六七十年代以降,因应外部世界的变化、学术范式的变迁,以及史学内部理路的重整,当代世界史学呈现出若干新的转向和面貌。在为《当代历史学新趋势》一书所写导论中,蒋竹山总结出以下十个热门及前瞻议题:① 情感的历史,将历史研究的重点从理性层面转到感性层面;② 阅读、书籍与出版文化,强调阅读的"接受",重视读者的角色以及阅读行为的改变;③ 文化相遇,关注"世界史概念的文化之间的接触,以及意识性与随机性的跨文化互动";④ 历史记忆,关注历史与记忆/忘却的互动,以及个人记忆与集体记忆的离合;⑤ 全球史视野,在研究课题中带入全球视野,必要之处跨越民族国家的疆界加以解析;⑥ 帝国与国家,重新思考传统帝制国家的权力运作与实际影响,及其中心与边缘的互动;⑦ 环境与历史,关注民族国家范围之内及跨越疆界的气候、疾病、海流、资源商品的流通,甚至将人类放在地球环境演化史中加以研究;⑧ 科学、技术与医疗,从社会史或文化史取向研究医疗与科技问题,并且融入全球史或"新帝国史"的视野;⑨ 新史料与历史书写,重视对于考古材料、域外汉籍、个人日记及新型资料库的开发运用;⑩ 大众史学/公众史学,侧重"学院史学"之外面向大众乃至公众参与的史学实践。此外,作者还提示此书尚未列入但值得探讨的主题,比如图像史学、物质文化史、动物史及艺术史等。① 这些新的动向,极大拓展了历史书写的选题视野及书写可能。

如若再作提升归纳,仅就本人阅读及理解所及范围而言,在当代史

---

① 蒋竹山.当代历史学新趋势[C].台北:联经出版事业股份有限公司,2019:5—26.

学的诸多趋势之中,影响较大者可以归纳为四种:一为文化转向(cultural turn),二为公众转向(public turn),三为全球转向(global turn),四为数字转向(digital turn)。其中,前两种转向与日常生活史的兴起和发展直接相关,后两种转向则有望助推生活史研究的拓展与深入。

具体来说,正是由于当代史学的文化转向,才使我们更加注重日常生活的文化意涵——对其加以文化的阐释,揭示文化的影响,考察文化的"生产"。也正是因应当代史学的公众转向,让既往"高冷"的史学研究转向书写公众(of the public)、面向公众(for the public)乃至由公众参与书写(by the public)。由此,普通人的日常生活得登史学殿堂之门,并且蔚为大观。后两种转向为最近一二十年的新近动向。其中,全球史力求突破传统国族史、世界史书写的局限,探究近代早期全球化启幕之后,全球范围内商品、货币、技术、知识、观念、人员等的互通互动及交互影响,此种尚在进行的不可逆转进程如何影响我们的日常生活,也开始成为史家探究的重要话题,并可以继续为拓展生活史研究的视野提供启发和指引。尤其对现代人而言,日常生活实际已"变成了全球性的文化经验",因此海默尔论及日常生活与文化研究的未来,也提示应该"把日常放置到理论与实践的国际框架之内"。① 数字转向则为近年兴起,并开始影响人文学科各领域,因而有数字人文学(digital humanities)之兴。该领域之进展,已超越通常所理解的档案史料的数字存储和全文检索阶段,进展至电子资源的结构化、关系化建设,使之可以被重新挖掘、分析和可视化呈现,乃至可以依照研究需要,另写程序加以编码和分析。换言之,数字人文影响的不只是史学研究的工具革新及史料获取,也逐步影响历史研究和思考的方法取向。此种局势之下,大量稀见档案史料(尤其是关于地方、常人的)不断公布、电子化和快速流通,无疑给日常生活史研究提

---

① [英]本·海默尔.日常生活与文化理论导论[M].王志宏,译.北京:商务印书馆,2008:290,293.

供了前所未有的基础条件;同时,快速变迁的电子时代生活,转瞬即逝、应接不暇的资讯洪流,似真实幻的网络人际,也触动生活史研究者省思"人(human)—人性(humanity)—人文学(humanities)"的深刻命题。

　　进一步而言,生活史的研究与书写,需要省思及应对前文提及的"人的消失"这一严峻议题。钱穆尝谓,中国史学"主要乃是一种人物史",中国历史最伟大的地方"就是它能把人作中心"①。日常生活史的探究和书写,有助将真正的"人"带回鲜活的历史情境,其中不仅有帝王将相、才子佳人、革命志士,还有那些无名的村妇、挥汗的苦力、落魄的塾师,他们都有自己的哀乐,也有自己的尊严。研究教育活动尤其如此,"没有人的活动就无所谓教育历史。而人的活动,我们必须从感知日常经验事实入手,从社会文化生活的角度来叙述人们的日常教育生活,以及与社会文化和经济生活的关系"②。过往研究中"人的消失",背后折射出的实际是人文精神的衰落,在现实中则表现为对人的内在价值及对人性应有尊严的忽视。由此而言,无论是在学理还是在现实意义上,日常生活史的研究都任重道远,也意义非凡。

---

① 钱穆.中国史学发微[M].北京:九州出版社,2011:86,264.
② 丁钢.铭记诸师谆谆教诲,传承中国教育文化[A].叶祝第.一个人的四十年——共和国学人回忆录(下)[C].北京:生活·读书·新知三联书店,2019:635.

第二章
研究回顾

本章旨在简要梳理生活史研究的发展历程,提示其代表作品,其中多以有关中国的研究著述为例。回顾近半个世纪的生活史研究,可以看到,此种研究路向的开拓,首先源自当代西方史学内在理路的变化,及其典范著作的导引;继之则有海外汉学界将之运用于中国研究,着力推动;其间,中国本土学者也进行了多方探索,使之渐受重视。有关日常生活史学史,前贤已从多个方面有所梳理;本人在课堂教学及讲义编纂中均有所参考。① 当然,在著述选目及述评方式上均有调整和拓展。而且,由于课程主要面向教育学科学生讲授,因此也会特别关注教育历史与文化主题的相关研究。

一、当代西方史学转向与生活史研究

在东西方悠久的传统史学中,都不难找到有关生活史的书写素材;19世纪至20世纪上半叶,欧洲历史学家及哲学家如库尔顿、布洛克、列斐伏尔等,也已开始进行有关日常生活的探究与反思。不过,今日常说的较为系统、有明确专题和方法论意识的生活史研究,主要肇始于20世纪70年代。日常生活成为历史学的研究领域之一,在德国更曾被视为史学发展的

---

① 本章结构的三部划分以及所述部分著作选目,主要参考连玲玲.典范抑或危机?"日常生活"在中国近代史研究的应用及其问题[J].新史学(台北),2006(04):255—282.常建华.中国日常生活史读本[C].北京:北京大学出版社,2017:1—19.

"标志性"事件。① 直至 90 年代德国学者在此一领域的里程碑式著作《日常生活史》英译版出版,仍称日常生活史乃是过去二十年间,德国史学除了妇女史与性别史之外最为重要的进展,②足见其影响之大。

进而言之,日常生活史研究的兴起,还应置于西方社会与史学变迁的宏观背景之中加以理解。前贤纵论西方史学的发展历程,有"五次转折"之概说,亦即公元前 5 世纪左右的古希腊史学、公元 5 世纪前后的基督教史学、14 世纪文艺复兴时期的人文主义史学、19 世纪末兴起的"新史学",以及 20 世纪 50 年代以降"新史学"的全盛、分化并且面临挑战。③ 日常生活史既是对近代专业史学追求科学规范、客观真实、宏大叙事、揭示规律等"高尚的梦想"的反思,④也是在战后西方人文社科学界整体的"后现代"语境中史学书写的自我调整;此外,西方日常生活史的书写,也受到史学研究中较为明显的"文化转向"的影响,并有来自文化人类学者的影响;在分析和表述方式上,则受到文学研究中回归"文本"和"叙事"的影响。其中的代表作品择要简介如下。

法国的日常生活史研究别具特色,而且带有较为明显的"年鉴学派"烙印。法国史学家菲力浦·阿利埃斯 1962 年出版的《儿童的世纪:旧制度下的儿童和家庭生活》被推为儿童史和家庭史研究的奠基之作,它从服装、游戏、礼仪、学校生活、家庭等方面描写了旧制度下的儿童生活。

---

① 库尔顿(George Coulton)撰有多种关于中世纪乡村、生活与信仰的著作,列斐伏尔(Henri Lefebvre)著有《日常生活批判》,布洛克(Marc Bloch)的《封建社会》中亦有专章讨论中世纪的生活。参考刘新成.日常生活史与西欧中世纪日常生活[J].史学理论研究,2004(01):35—47.
② Alf Ludtke, ed. The history of everyday life: Reconstructing historical experiences and ways of life[C]. William Templer, trans. New Jersey: Princeton University Press, 1995:vii.
③ 周兵,等.西方史学通史(第六卷):现当代时期[M].上海:复旦大学出版社,2012:1—3.
④ "高尚的梦想"主要指现代专业史学对"客观性"这一理想和规范的追求,彼得·诺维克曾详细论述此种追求的形成和演变,及其所受到的挑战、捍卫和分歧。详参[美]彼得·诺维克.那高尚的梦想:"客观性问题"与美国历史学界[M].杨豫,译.北京:生活·读书·新知三联书店,2009.

该书最具代表性、也不无争议和误解的论见为"发现童年说",即谓西方人迄于中世纪末期都尚无"童年"的观念,儿童只是被当作"小大人"来看待和对待;17世纪"儿童"的观念才被重新"发现",并被作为人生的特殊阶段。① 法国学界另外一部广为人知的生活史和微观史研究著作,为同属年鉴学派代表学者的埃马纽埃尔·勒华拉杜里1975年出版的《蒙塔尤:1294—1324年奥克西坦尼的一个小山村》。该书以宗教裁判所审判"异端村民"的详细记录为主要史料,透过历史学、人类学、社会学的方法,揭示出14世纪法国南部小村蒙塔尤居民的日常生活、个人隐私、思想、心态、习俗等,为微观生活史的研究树立了一种典范。②

德国学者在日常生活史领域的探究与实践尤为关键。其中,1989年由阿尔夫·吕特克主编的《日常生活史:重建历史经验与生活方式》一书,可视为此领域里程碑式的作品,其中不仅对日常生活史的基本学理作了深入探讨,还结合德国的政治、社会与学术背景,透过具体主题和案例展现了日常生活史研究的可能及其特点。③ 此外,德国学者以生活史研究较为著称者,另有里夏德·范迪尔门于1989年出版的《欧洲近代生活》,以及汉斯-维尔纳·格茨于1996年出版的《欧洲中世纪生活》。《欧洲近代生活》三卷,作者自谓描述的是"近代早期的文化和日常生活"。其中,《家与人》卷依次涉及住户与家庭、儿童与青年、结婚与婚姻、老年与死亡,并讨论"市民家庭"议题;《村庄与城市》卷依次描写村庄的生活、市民的世界、社交与节日、等级与名誉、公共秩序与社会冲突;《宗教、巫术、启蒙运动》卷依次讨论宗教改革的发端与基督教的信仰、民间巫术与

---

① [法]菲力浦·阿利埃斯.儿童的世纪:旧制度下的儿童和家庭生活[M].沈坚,朱晓罕,译.北京:北京大学出版社,2013.
② [法]埃马纽埃尔·勒华拉杜里.蒙塔尤:1294—1324年奥克西坦尼的一个小山村[M].马胜利,译.北京:商务印书馆,2007.
③ Alf Ludtke, ed. The history of everyday life: Reconstructing historical experiences and ways of life[C]. William Templer, trans. New Jersey: Princeton University Press, 1995.

宗教生活、新教与天主教、民众教育与新知识、启蒙运动与教育。① 该书视野尤其恢宏细腻，可称为日常生活史研究的典范作品。《欧洲中世纪生活》关注的中心即是"日常生活世界"，亦即人们的生活状况如食物、服饰、劳动、居所，人群的生命历程如出生、教育、婚姻、家庭、死亡，以及不同场所和身份的人的生活，如修道院（修道士）、农村（农民）、宫廷（骑士、贵族）、城市（市民）等，并且关注环境对人的生活与文化的影响，为欧洲中世纪日常生活史研究奠定了重要基础。②

生活史和微观史研究的另一部典范作品为意大利史家卡洛·金茨堡1976年出版的《奶酪与蛆虫：一个16世纪磨坊主的宇宙》。该书通过讲述16世纪意大利北部小山城蒙特雷阿莱的一位名叫多梅尼科·斯坎代拉（书中称作梅诺基奥）磨坊主的故事，透过该磨坊主独特的"异端"宇宙观和宗教观，以及宗教裁判所对他进行的两次审判、他自己的辩解、受刑，其中涉及世界起源、《圣经》文本的解读、教会内部问题等，有助于反思传统的精英史观和宏大叙事书写。该书在史料方面，同样得益于欧洲中世纪生活史得以实质推进的关键材料——宗教裁判所的审判记录。借助对个人微观生活的描写，揭示其时上层书面文化与地方口头文化的碰撞与交流，同时揭示印刷术发明、宗教改革背景下普通人的生活、心态与信仰。③

欧美生活史研究的集大成之作，是上文已经提及的菲利浦·阿利埃斯和乔治·杜比共同主编的五卷本《私人生活史》。五卷依次为《古代人的私生活——从古罗马到拜占庭》《肖像——中世纪》《激情——文艺复兴》《演员与舞台——从大革命烽火到世界大战》《现代社会中的身份之谜》，描述了从古代到现代世界范围内人们的生活方式。具体涉及人类生活的各个

---

① [德] 里夏德·范迪尔门.欧洲近代生活[M].王亚平，译.北京：东方出版社，2003—2005.
② [德] 汉斯-维尔纳·格茨.欧洲中世纪生活[M].王亚平，译.北京：东方出版社，2002.
③ [意] 卡洛·金茨堡.奶酪与蛆虫：一个16世纪磨坊主的宇宙[M].鲁伊，译.桂林：广西师范大学出版社，2021.

基本方面,例如生养死葬、饮食起居、交际往来、宗教信仰等议题,贯通日常生活中的物质、空间、精神等要素,是现今一部权威的人类私人生活史。这五卷作品虽然由两位法国史家共同主编,展现的主要也是年鉴学派第二代学者的方法与视野,但实际是法、美、英、德等国多名学者集体合作的结晶,被称作20世纪下半叶史学界一项"革命性的成果"①。

最后,尤值一提的是美国格林伍德出版社策划编刊的六卷本《日常生活百科全书》,该书以编年体例书写了从古代至于当代的常人生活;②而且,该出版社还持续策划出版了生活史系列丛书(*The greenwood press daily life through history series*)。该丛书采取跨学科的视角,兼收全世界各文化体系中的艺术、宗教、食物、文学、语言、礼仪、婚俗、社会与政府结构、疾病、福祉、体育与游戏、休假、节庆等主题;其范围宏阔,该系列目前已出版及预告将出版者超过100种。据其出版目录与介绍,③其中涉及中世纪欧洲、英国维多利亚时代、印加帝国、玛雅文明、朝鲜战争、维京人、古罗马人、苏联、航海时代、英国斯图亚特王朝、努比亚人、法国革命、近代美国战时平民、20世纪美国土著、蒙古帝国、近代欧洲饮食、美国工业化时期、拜占庭帝国、纳粹占领下的欧洲、古代希腊、十字军世界、英国盎格鲁—撒克逊时代、古代希腊、殖民时期的新英格兰、18世纪英国、古代埃及、美国爵士时代、进步主义运动时代的妇女、文艺复兴时期的意大利等日常生活,其时代、地域、群体、主题包罗甚广。可见,经过近几十年的发展,生活史研究在欧美已蔚为大观。

二、海外及我国港台地区中国研究学者的相关研究

海外学者研究传统中国生活史的早期代表作品,首推两部。其一

---

① [法]菲利浦·阿利埃斯,乔治·杜比.私人生活史[M].宋薇薇,等,译.北京:北方文艺出版社,2008.
② Joyce E. Salisbury, eds. The greenwood encyclopedia of daily life: A tour through history from ancient times to the present[M]. Westport, Conn.: Greenwood, 2004.
③ 书目信息详参ABC-CLIO主页[EB/OL].[2022-08-23].https://www.abc-clio.com/products/? swoof=1&product_cat=greenwood.

为法国学者谢和耐 1959 年初版的《蒙元入侵前夜的中国日常生活》,该书以细腻笔触描绘了南宋临安下层社会民众的日常生活,涉及城市建设、社会结构、衣食住、生命周期、四时节令、娱乐消费等方面;① 其二为英国学者鲁惟一 1968 年初版的《汉帝国的日常生活:公元前 202 年至公元 220 年》,该书从汉代考古文物入手展开讨论,涉及汉代政体、社会阶层、政府权力、军事、文学艺术创作、宗教与权力的关系、长安的地位和作用、城市生活、经济与贸易、农民及其耕作、手工业及工业技术等主题。② 此种基本以断代为经、生活方式为纬的生活史探究,此后仍然续有作品问世,比如查尔斯·本 2002 年初版的《中国的黄金时代:唐朝的日常生活》③。此外,日常生活史研究更具代表、成就更多者,是以专题形式展开的深入研究,以下分述举例。

首先,在中西传统社会,宗教生活和信仰世界乃人们日常生活中的大事,如何安顿身、心、灵,以及处理此世与彼岸/天国的关系,成为世人日常生活的核心关怀。因此,日常生活史研究涉及信仰世界,乃题中应有之要义,海外的中国研究亦然。这方面的经典研究甚多,早期作品如许理和的《佛教征服中国:佛教在中国中古早期的传播与适应》,解析佛教入华初期的中国化,讲述中外僧人的弘法生涯,以及佛教在中国社会的传播、接受和适应的历程。④ 对于鬼神、丧葬、祭祀、信仰、宗教与民众生活的深入研究,除了杨庆堃的经典作品《中国社会中的宗教:宗教的现代社会功能与其历史因素之研究》有所涉及之外,另有太史文《幽灵的节日:中国中世纪的信仰与生活》及蒲慕州《追寻一己之福:中国古代的信

---

① [法] 谢和耐.蒙元入侵前夜的中国日常生活[M].刘东,译.南京:江苏人民出版社,1995.
② [英] 鲁惟一.汉帝国的日常生活:公元前 202 年至公元 220 年[M].刘洁,余霄,译.南京:江苏人民出版社,2018.
③ [美] 查尔斯·本.中国的黄金时代:唐朝的日常生活[M].姚文静,译.北京:经济科学出版社,2012.
④ [荷] 许理和.佛教征服中国:佛教在中国中古早期的传播与适应[M].李四龙,等,译.南京:江苏人民出版社,2005.

仰世界》为代表,且三者皆具比较视野。① 此外,帝制中国后期"三教合一"的背景、出版印刷的兴盛以及庶民教育的发展,产生了为数甚多且流布很广的"善书",并深刻影响了士人精英及普通民众的日常生活。海外学界在这方面同样着力甚多,先有酒井忠夫针对中国善书的开创研究,继有包筠雅针对明清"功过格"的探讨,近期则有游子安对善书、善堂、神明信仰、宗教民俗的综合研究,揭示出帝制后期乃至近现代中国民众独特的信仰世界、日常修身与积功进德实践。②

其次,社会文化史及日常生活史的研究转向中,妇女研究/性别研究的兴起同样值得关注。在中国研究领域,伊沛霞多年来从事传统中国家庭及妇女研究,并有专著着重论述宋代妇女的婚姻与生活,涉及男女之别、婚娶、嫁妆、女红、为母之道、夫妻关系、妻妾身份、寡居、再婚、通奸乱伦等主题。③ 曼素恩、高彦颐则着力研究明清江南"才女文化",勾勒出在明清江南商品经济发达的背景下,由于坊刻的兴起、大众读者群的出现、女性教育的提倡,女性精英群体通过阅读、写作、出版、交游、旅行,创造了丰富多彩和颇具意义的文化生存方式。④ 此外,高彦颐还重新审视了传统中国缠足的社会史与文化史问题。⑤ 以上几项研究主要聚焦于精英阶层女性,且有一种大致共通的取向,即修正乃至颠覆"五四"以来形成

---

① 杨庆堃.中国社会中的宗教:宗教的现代社会功能与其历史因素之研究[M].范丽珠,译.成都:四川人民出版社,2016.[美] 太史文.幽灵的节日:中国中世纪的信仰与生活[M].侯旭东,译.杭州:浙江人民出版社,1999.蒲慕州.追寻一己之福:中国古代的信仰世界[M].上海:上海古籍出版社,2007.
② [日] 酒井忠夫.中国善书研究[M].刘岳兵,何英莺,译.南京:江苏人民出版社,2010.[美] 包筠雅.功过格:明清社会的道德秩序[M].杜正贞,张林,译.杭州:浙江人民出版社,1999.游子安.善与人同——明清以来的慈善与教化[M].北京:中华书局,2005.
③ [美] 伊沛霞.内闱:宋代的婚姻与妇女生活[M].胡志宏,译.南京:江苏人民出版社,2014.
④ [美] 曼素恩.缀珍录:十八世纪及其前后的中国妇女[M].定宜庄,等,译.南京:江苏人民出版社,2005.[美] 高彦颐.闺塾师:明末清初江南的才女文化[M].李志生,译.南京:江苏人民出版社,2005.
⑤ [美] 高彦颐.缠足:"金莲崇拜"盛极而衰的演变[M].苗延威,译.南京:江苏人民出版社,2009.

的妇女史观,至少力求部分修正传统女性处于儒家纲常、男权(父权、夫权)绝对控制和压迫地位,并无自主这一刻板印象。贺萧则考论20世纪上海的"娼妓"问题与现代性,涉及有关民族意识、政治权力、经济利益、社会改革、欲望与恐惧等问题的讨论;贺氏并借助口述史方法,讲述当代中国农村妇女与集体化的历史。① 在中国妇女史研究中,港台地区学者同样有重要贡献,如叶汉明对中国妇女史研究历程及理论的系统梳理,及其对华南地区"自梳女"、特殊婚俗及海外华人女性的独到研究,以及其弟子卢淑樱对近代中国哺育方式的转变对母亲角色重塑的研究;②李贞德对汉唐妇女生活的研究,游鉴明对近代女子教育、女子体育及女性口述史的特殊关注,连玲玲对民国职业女性的研究等,③均成一家之言,丰富了学界对中国女性生活史的认识。

再次,近期与性别研究及妇女生活史研究同受重视的另一领域,是对童年及儿童生活史的研究。而且,在中国传统社会,养育、教化、救助、医治很多时候往往相互关联,因此学者多引申论及医疗史与身体史的相关议题。在这方面,熊秉真和梁其姿的研究尤其值得重视。熊秉真兼具人文、社科乃至科学(医学)训练背景,视野独特,对传统中国育儿、童年、儿童游艺、童蒙教育、幼医等主题均有深入而独到的研究。④ 梁其姿则秉承法国社会文化史的学术理路,对疫病、公共卫生、传统中国的医疗与身

---

① [美]贺萧.危险的愉悦:20世纪上海的娼妓问题与现代性[M].韩敏中,盛宁,译.南京:江苏人民出版社,2010.[美]贺萧.记忆的性别:农村妇女和中国集体化历史[M].张赟,译.北京:人民出版社,2017.
② 叶汉明.主体的追寻:中国妇女史研究析论[M].香港:香港教育图书公司,1999.卢淑樱.母乳与牛奶:近代中国母亲角色的重塑(1895—1937)[M].香港:中华书局,2018.
③ 李贞德.女人的中国医疗史——汉唐之间的健康照顾与性别[M].台北:三民书局,2009.游鉴明.倾听她们的声音:女性口述历史的方法与口述史料的运用[M].台北:左岸文化事业有限公司,2002.游鉴明.超越性别身体——近代华东地区的女子体育[M].北京:北京大学出版社,2012. Lien Ling-ling. Searching for the "New Womanhood": Career women in Shanghai, 1912-1945[D]. Irvine: University of California, 2001.
④ 熊秉真.幼幼:传统中国的襁褓之道[M].台北:联经出版事业股份有限公司,1995.熊秉真.童年忆往:中国孩子的历史[M].台北:麦田出版,2000.熊秉真.幼医与幼蒙:近世中国社会的绵延之道[M].台北:联经出版事业股份有限公司,2018.

体,以及施善与教化等问题均有著述,影响甚大。① 以上研究,又从社会文化史及生活史的视野,拓展了关于童年、教养、医护、身体及其社会文化意蕴的新知。

此外仍值得留意的一大动向,为近年我国台湾地区学界尤其是明清研究群体着力展开的物质文化史研究,其中多涉及日常生活史议题。其中代表学者如巫仁恕、王鸿泰、邱仲麟、蒋竹山等,各有专题论著。② 他们针对明清日常消费、旅游、宴饮等的研究,展现出物质与生活、思想、社会的多维关联,呈现雅俗之间的辩证,其新近动态可参"中研院"史语所编《中国史新论：生活与文化分册》③。思想史领域的王汎森、黄进兴等学者,也着力阐述思想的生活取向及日常实践,乃至论及"思想是生活的一种方式",重视思想的生活性和生活的思想性。此种取向,在《中国史新论：思想史分册》中,也可见其影响。④ 我国台湾地区出版的主要中文学刊中,尤以《新史学》《"中研院"近代史研究所集刊》《近代中国妇女史研究》等不时刊载物质文化史、日常生活史研究论文,有时还以专号结集,足见其盛。

最后还应重点介绍的,是两名以研究城市史、微观史和日常生活史著称的华人学者——卢汉超及王笛。卢汉超以研究上海史著称,曾深入讨论中国的乞丐文化史,又关注"霓虹灯外"亦即近代上海浮华背后的普

---

① 梁其姿.施善与教化：明清的慈善组织[M].台北：联经出版事业股份有限公司,1997.梁其姿.面对疾病：传统中国社会的医疗观念与组织[M].北京：中国人民大学出版社,2012.
② 巫仁恕.优游坊厢：明清江南城市的休闲消费与空间变迁[M].北京：中华书局,2017.蒋竹山.人参帝国：清代人参的生产、消费与医疗[M].杭州：浙江大学出版社,2015.
③ 邱仲麟.中国史新论：生活与文化分册[C].台北："中研院"、联经出版事业股份有限公司,2013.
④ 王汎森.权力的毛细管作用：清代的思想、学术与心态[M].北京：北京大学出版社,2015.王汎森.思想是生活的一种方式：中国近代思想史的再思考[M].北京：北京大学出版社,2018.陈弱水.中国史新论：思想史分册[C].台北："中研院"、联经出版事业股份有限公司,2012.

通人民的日常生活。① 王笛则以研究四川成名,其系列研究关注成都的街头文化、茶馆和茶客,以此考察地方文化与国家文化的互动与互搏,②后文对其著作另有专门介绍和导读。

三、中国大陆学者对日常生活史的持续探究

中国传统史学中,有关生活史的记录和书写,可以从正史、典章中关于礼乐、食货、灾祥、纪传等部分,方志、谱牒中关于地方物产、民俗、节令等记载,乃至个人文集、日记、自传、忆述、碑铭中得见。尤其是明清时期大量出版的"日用类书",更包含着诸多关系民众日常生活的经验与指南。以今日史学规范来看,传统文献中这类生活史书写,已是今日生活史研究的史料。近代中国学者有关生活史的研究,民国时期陆续有专题著作出版,实际也是20世纪初中国"新史学"兴起和发展的结果。其中的代表成果,可推以下三种。

其一为瞿宣颖(兑之)《汉代风俗制度史前编》,分职业篇、资产篇、物价篇、税役篇、移殖篇、交通篇、国用篇、政制篇、军制篇、刑律篇、社交篇、习俗篇、建置篇、居处篇、衣饰篇等;此书在性质上属于史料集,其主要关怀即在于"人民日用之常"③。其二为陈东原《中国妇女生活史》,为此一时期生活史研究的代表,也是中国妇女史研究的开山之作。该书以时间为纲,取材广泛,涉及礼教、婚姻、教育、妇德、贞节、妓女、缠足、女权等议题,对后世妇女史研究影响较大,其中所建立的"妇女史观"也引起诸多

---

① [美]卢汉超.叫街者:中国乞丐文化史[M].北京:社会科学文献出版社,2012.[美]卢汉超.霓虹灯外——20世纪初日常生活中的上海[M].段炼,等,译.上海:上海古籍出版社,2004.
② 王笛.街头文化:成都公共空间、下层民众与地方政治(1870—1930)[M].李德英,等,译.北京:商务印书馆,2013.王笛.茶馆:成都的公共生活和微观世界,1900—1950[M].北京:社会科学文献出版社,2010.
③ 瞿兑之.汉代风俗制度史前编[M].北平:中华印字馆,1928.

批评。① 其三为尚秉和《历代社会风俗事物考》,指出传统书籍皆详于国家章制等"大事",而该书则重在"察小"。该书总凡44卷,举凡衣食住行、政教礼俗、婚丧、财货、游艺、为官、仕进、居家、仆婢、娼妓等,均有涉及,可谓中国古代生活史小型百科全书。②

20世纪50年代至70年代,大陆史学界对于普通民众日常生活史研究推进甚少。其后得益于史观的转变及史料的新出,生活史研究又逐渐受到重视且著述甚多。近年来此种趋势尤其明显。其中,既有单行本断代为史者,如《走进日常:唐代社会生活考论》《金代的社会生活》《清人社会生活》等;③也有多卷通史著作,如计划的十卷本《中国古代社会生活史》④。此外,关涉生活史的各类专题研究也陆续出版,其中较有代表者,如八卷本《中华民族道德生活史》以不同历史时期中华民族的道德生活为载体,探论民族道德传统的形成、发展、演变和弘扬;⑤亦有专门探讨饮食生活者,如《中国古代庶民饮食生活》及《1368—1840中国饮食生活:成熟佳肴的文明》等。⑥ 除此之外,近年学界还有不少更为专门和细微的日常生活史研究作品,涉及宗教信仰、地方行政、科举考试、消费文化、法律知识、学校生活、儿童生活等领域,其代表者如《日书与古代社会生活》《秦汉儿童的世界》《唐代举子科考生活研究》《〈老乞大〉与〈朴通事〉:蒙元时期庶民的日常法律生活》《明清以来徽州信仰与民众日常生活研究》《闲雅与浮华:明清江南日常生活与消费文化》《法律知识的文字传播:明清日用类书与

---

① 陈东原.中国妇女生活史[M].北京:商务印书馆,1998.
② 尚秉和.历代社会风俗事物考[M].北京:中国书店,2001.
③ 黄正建.走进日常:唐代社会生活考论[M].上海:中西书局,2016.宋德金.金代的社会生活[M].西安:陕西人民出版社,1988.冯尔康,常建华.清人社会生活[M].天津:天津人民出版社,1990.
④ 该书系断代分卷,由中国社会科学出版社自1994年起,出版夏商、魏晋南北朝、隋唐五代、宋辽西夏金、元代、明代、清代分卷,截至2022年已出7卷。
⑤ 唐凯麟.中华民族道德生活史[M].上海:东方出版中心,2014.
⑥ 赵荣光.中国古代庶民饮食生活[M].北京:商务印书馆,1997.伊永文.1368—1840中国饮食生活:成熟佳肴的文明[M].北京:清华大学出版社,2014.

社会日常生活》《晚清官场镜像：杜凤治日记研究》等。① 透过这些选题和研究，可以显示出日常生活史取向对于拓展研究深度和广度的作用。

此外，近年还有各种聚焦日常生活史的专题会议的召开、专题论文的编刊，② 以及专门读本的编辑与系统史料如《中国古代社会生活史料》的规划出版等，③ 足见其盛。中文学界对于日常生活史的学理探究及学术实践均有建树者，以明清史家常建华为其重要代表。常建华由研究社会史而切入生活史，其学理历程略似当代欧洲史学由社会史到文化史的转向，其对推进中国日常生活史研究的贡献，主要见于以下三个层面。其一，撰写系列论著，对日常生活史研究的学理基础和学术脉络加以探究，介绍海外学者的代表成果及其研究启示；其二，在其有关明清社会史及宗族史的研究中，具体实践并推进日常生活史研究；其三，主编《中国日常生活史读本》及"中国日常生活史研究系列"丛书，主编学术辑刊《中国社会历史评论》，并在其他学术期刊主持"日常生活史研究"专栏，组织系列学术会议，实质推动日常生活史领域的学术研究与交流。④

在教育研究领域，与生活史相关的研究也日益得到提倡和重视。杜

---

① 晏昌贵.日书与古代社会生活[M].武汉：武汉大学出版社，2022.王子今.秦汉儿童的世界[M].北京：中华书局，2018.刘琴丽.唐代举子科考生活研究[M].北京：社会科学文献出版社，2010.徐忠明.《老乞大》与《朴通事》：蒙元时期庶民的日常法律生活[M].上海：上海三联书店，2015.陶明选.明清以来徽州信仰与民众日常生活研究[M].北京：光明日报出版社，2014.宋立中.闲雅与浮华：明清江南日常生活与消费文化[M].北京：中国社会科学出版社，2010.尤陈俊.法律知识的文字传播：明清日用类书与社会日常生活[M].上海：上海人民出版社，2013.邱捷.晚清官场镜像：杜凤治日记研究[M].北京：社会科学文献出版社，2021.
② 比如，《河北师范大学学报》（哲学社会科学版）分别在 2020 年第 4 期、2021 年第 1 期、2021 年第 5 期以及 2022 年第 3 期中，专门辟出"日常生活史研究"专栏，刊发系列论文。
③ 常建华.中国日常生活史读本[C].北京：北京大学出版社，2017.《中国古代社会生活史料》计划出版四编，总凡 200 册。
④ 详参常建华所著《社会生活的历史学：中国社会史研究新探》（北京师范大学出版社 2004 年版）、《观念、史料与视野：中国社会史研究再探》（北京大学出版社 2013 年版）、《日常生活的历史学——中国社会史研究三探》（北京师范大学出版社 2021 年版）。"中国日常生活史研究系列"由常建华等主编，科学出版社出版，目前已出版三种：《日常生活视野下的中国宗族》（2019）、《中国日常生活史研究的回顾与展望》（2020）、《中国历史上的日常生活与地方社会》（2021）。

成宪曾论述20世纪中国教育史研究中的三次视角下移,并提示注意其中矫枉过正的可能;所编《中国教育史学九十年》述及20世纪八九十年代教育史研究新领域的开拓,也特别指出教育文化史研究的勃兴,家庭教育史研究方兴未艾,以及关涉教育生活史研究的专题史著作竞相推出等方向。① 近年,不少学者持续展开有关教育生活史的研究。其中较有代表者,如丁钢、毛毅静等倡行的教育叙事探究,以及对于教育影像、屏风、讲学空间、耕织图、闹学图、女红等主题的研究;②黄书光等对中国传统社会教化的持续探究,以及系列著作的出版;③徐梓对传统蒙书、蒙学、童蒙文化及基层士人生活的研究,以及对其现代意蕴与价值的探索;④周洪宇等对"教育活动史"的倡行,以及对于教育身体史、记忆史等新领域的探索;⑤田正平对晚清民国士人日记的细读深探,从中揭示文化史、生活史及心态史的变迁;⑥蒋纯焦聚焦中国私塾以及晚清以降塾师,探讨一个关涉基层教育的"社会阶层"的生活及其变迁;⑦顾月琴透过"杂字",研究明清时期日常生活变迁中的教育;⑧施扣柱对于近代上海学生生活的深入描摹,从中揭示教育与社会变迁的诸多面相;⑨周慧梅对于近代民众学校

---

① 杜成宪.中国教育史研究中的三次视角下移[J].河北师范大学学报(教育科学版),2013,15(01):49—53.杜成宪,崔运武,王伦信.中国教育史学九十年[M].上海:华东师范大学出版社,1998.
② 丁钢.声音与经验:教育叙事探究[M].北京:教育科学出版社,2008.毛毅静.影像记忆:百年变迁的教育叙述[M].北京:教育科学出版社,2015.
③ 黄书光.变迁与转型:中国传统教化的近代命运[M].上海:上海教育出版社,2014.
④ 徐梓.传统蒙学与蒙书研究[M].北京:中国社会科学出版社,2017.徐梓,王立刚.科举·秀才[M].北京:中华书局,2018.
⑤ 周洪宇.学术新域与范式转换:教育活动史研究引论[M].武汉:华中科技大学出版社,2011.周洪宇.中国教育活动通史[M].济南:山东教育出版社,2017.此外,亦主编"教育生活史研究丛书",由福建教育出版社陆续出版,包括李艳莉《崇高与平凡:民国时期大学教师日常生活研究(1912—1937)》(2017),申国昌等《生活的追忆:明清学校日常生活史》(2018),刘京京《理想与未来:民国时期中学生日常生活研究》(2019)等。
⑥ 田正平.世态与心态:晚清、民国士人日记阅读札记[M].上海:上海教育出版社,2017.
⑦ 蒋纯焦.一个阶层的消失:晚清以降塾师研究[M].上海:上海书店出版社,2007.
⑧ 顾月琴.日常生活变迁中的教育:明清时期杂字研究[M].北京:光明日报出版社,2013.
⑨ 施扣柱.青春飞扬——近代上海学生生活[M].上海:上海辞书出版社,2009.

及社会教育的研究,考察近代中国的社会改造与国民塑造;①王建军对民国高校教师生活的研究,涉及其在专业共同体、教学、学术领域的活动,及其物质待遇与生活情趣等议题。② 由此可以看到,近年教育史研究中,除了对传统制度、政策、思想、人物等领域的开拓,也有非常明显的文化史和生活史转向,而且兼具理论探讨和研究实践。

综上可见,日常生活史研究在西方及中国史学界的产生与接受,均与外在社会及内在学理的变迁密切关联。其在20世纪初期以降中国研究领域的趋势,前人亦有"从文化史、社会风俗到生活"的概括,③颇得其要。直至今日,此种研究取径虽然不能说取得主导地位,有时甚至面临研究和书写上的困境与挑战,不过已然彰显出其价值与魅力。而且,随着史观的转移、体例的多元以及史料的拓展,聚焦常人与常事、关注常情与常理,注重深耕细描,旨在由此联通"小写历史"与"大写历史"的日常生活史研究,应当会有更多的书写可能,并因此吸引越来越多的作者和读者。

---

① 周慧梅."新国民"的想象:民国时期民众学校研究[M].北京:北京师范大学出版社,2013.周慧梅.国民塑造与社会建设:1896—1949年中国社会教育研究[M].北京:社会科学文献出版社,2021.
② 王建军.民国高校教师生活研究[M].长沙:湖南教育出版社,2019.
③ 邱仲麟.中国史新论:生活与文化分册[C].台北:"中研院"、联经出版事业股份有限公司,2013:1—24.

第三章
范例评介

生活史研究主题多元,路径各异。为了进一步呈现学界前贤在相关领域的研究,本章特别遴选以下三种著作,稍作导读和评介。其一为史景迁所著《妇人王氏之死》,该书深描清初山东郯城一位无名妇人的爱恨情仇,以及其时北方乡村普通民众的生活世界;①其二为沈艾娣所著《梦醒子:一位华北乡居者的人生(1857—1942)》,该书呈现清末民初山西举人刘大鹏的忧喜哀感,以及近代中国巨变下传统士绅的处境与因应;②其三为王笛所著《茶馆:成都的公共生活和微观世界,1900—1950》,透过茶馆这一微观"公共空间",观察20世纪上半叶国家政治与大众生活之间的冲突与关联。③本章导读三种著作,均自简介作者及该书缘起、出版及翻译入手,再及该书要旨、目标与结构,最后结合生活史研究旨趣,分析其材料运用及研究方法,以期体例一贯。

一、史景迁:《妇人王氏之死》

(一)作者其人与其书

会讲故事应当是历史学者的看家本领,史景迁(Jonathan D. Spence)在这方面尤其擅长。史家许倬云曾如此形容史景迁:"给他

---

① [美]史景迁.妇人王氏之死[M].李孝恺,译.台北:麦田出版,2009.
② [英]沈艾娣.梦醒子:一位华北乡居者的人生(1857—1942)[M].赵妍杰,译.北京:北京大学出版社,2013.
③ 王笛.茶馆:成都的公共生活和微观世界,1900—1950[M].北京:社会科学文献出版社,2010.

一本电话簿,他可以从第一页的人名编故事,一直编到最后一页。"①史景迁1936年生于英国,2021年在美国辞世。他先后就读于温切斯特大学、剑桥大学及耶鲁大学,毕业后长期在耶鲁任教。因景仰太史公马迁之功业,且英文名Spence首字母与"史"谐音,故其中文名谓"史景迁"。其专长为中国历史研究,而曾在2004—2005年被推任美国历史学会主席,更可见其影响与贡献。他除了创作《大汗之国》《利玛窦的记忆宫殿》《曹寅与康熙》《太平天国》等十余种有关中国史的专题研究著作,更撰有广为欧美大学采用的中国近代史教材《追寻现代中国》(*The Search for Modern China*)。史氏治史,擅长从近世中国数百年及中西交汇的宏大格局中,通过对史料的罗织穿插,博采论理、叙事、考证、分析、综合等方法,形成对史事与人物的生动描述和独特洞见。其视野、方法及文笔均独树一帜,在西方汉学界建立起一种新的写作典范。

《妇人王氏之死》英文本初版于1978年,题名 *The Death of Woman Wang*,此处所用繁体中译本刊于2009年。该书的故事背景是在康熙初年(1668—1672)的山东郯城。虽然书题冠以王氏之名,但一如作者在前言中所称,此书乃是通过重述四次对历史记录而言较为微小,但对当事人而言却攸关生死的危机,观察非精英的乡村小民生活,属于微观史视角的书写。

(二) 写作体例、结构与内容

全书以专题形式呈现,透过聚焦不同人物及社会现象,串联几则故事,进而织出社会生活的片段。第一章为"观察者",开篇描写1668年郯城地震,被免职的前任知县、《郯城县志》编纂者冯可参对此地天灾、蝗灾、饥荒、盗匪、兵灾、疾病等苦难的记录,以及新任知县黄六鸿在灾后重

---

① 陈达凯.史景迁和他笔下的中国世界,人民网[EB/OL].[2018-10-6].http://theory.people.com.cn/GB/40536/3367971.html.

建、地方政治、教化维系等方面的努力,以期解决当地人民迫在眉睫的问题——"如何在眼前这个看似崩解的世界中,求取肉体和道德的基本生存"①。此外,本章还融合蒲松龄自己的经历及灾难描写,涉及明末清初的灾荒与动乱,以及普通民众的生活与精神世界。在作者看来,《聊斋志异》中所呈现的关于幻想、淫荡和不安的故事,"也是对当时时空的恰当评注"②。第二章为"土地",述说郯城的地理、物产与赋役,宏观背景涉及一条鞭法普遍实施、耗羡归公尚未展开,康熙亲政而三藩未平,微观背景则涉及郯城雪灾、蝗灾等对完纳赋役的影响,县府、保甲、地主、农民各自的努力和无奈,实际上是传统国家机器在地运作的缩影。第三章为"寡妇",讲述寡妇为保护财产及孩子的努力与艰辛,涉及家族伦常、贞烈观念、生存现实及律令与财产权问题。第四章为"争斗",描写当地地主兼盗匪王家、地主庄家(两家系姻亲)与农户李家,因土地和财产纠纷引致的仇杀,以及知县黄六鸿对此案的调查和审理,其中颇见官方与悍匪之间的张力,这也是传统地方秩序的局部现实。

写到第五章"私奔的女人",才真正进入王氏的故事。此种篇章失衡而以王氏冠名全书的处理形式,也曾引起一些质疑与批评。故事讲述穷苦农人任某的妻子王氏(夫妇名字俱不详)与情夫私奔,途中又遭抛弃而回到老家归昌,借住于道观之中,但被邻居高某及王氏丈夫任某发现,其间高某与任某为此产生口角而殴打任某。任某将妻子王氏带回,生活了一段时间之后,在雪夜将妻子掐死,并试图嫁祸给邻居高某。结语为"审判",任某及其父控告高某谋杀王氏,但很快被新任知县黄六鸿审明。结果,主要依照人情而非律法,任父被从轻判决无罪;任某被重杖责打,戴枷示众;高某被责成支付王氏丧葬费用,希望安抚亡灵,使之不会变成"厉鬼"复仇。通过王氏一案的贯串,再次呈现地方社会的生活、伦常、情

---

① [美] 史景迁.妇人王氏之死[M].李孝恺,译.台北:麦田出版,2009:44.
② [美] 史景迁.妇人王氏之死[M].李孝恺,译.台北:麦田出版,2009:71.

欲、律令、风俗及迷信的复杂纠葛。

(三) 研究视野、方法与史料

以传统历史书写的视角来看，郯城实在难入史家"法眼"，因为这里在17世纪没有产生杰出的历史人物，社会经济平淡无奇，虽然灾祸不断，却没有引致叛乱。更为要紧的是，要书写这样一个地方传统社会民众的日常生活，将面临史料严重匮乏的问题。由于欧洲中世纪后期留有详尽的教区出生、婚姻、死亡记录，以及行会交易、土地租赁等资料，当代西方微观史学、日常生活史研究的兴起，很大程度上即得益于此。对中国历史书写而言，尤其是在该书写作的年代和背景下，此类材料尤为不足。史景迁也称，"要从过去召唤出那些穷人和为人遗忘者的生活总是困难的"，因此，他主要综合使用三种性质不同的资料，"试着钻探出一条通往郯城世界的小路"①。

本书所用第一种资料是1673年前任知县冯可参编纂的《郯城县志》，凡十卷。帝制后期中国史学书写体系中，国有史，地有志，家有乘，人有状，各有其规模与体例。方志通常由地方官员和士绅组织编纂，其内容和体例大致有章可循，主要呈现一地的建置沿革、疆域舆地、衙署学校、人丁税亩、经济物产、风俗习惯、科甲人物、乡贤名宦、烈女贞妇等"地方知识"。各类方志文献存世甚多，近年被大量影印出版和电子化，给研究者提供了极大便利。该版《郯城县志》编纂于书中故事发生之后数年之内，因此其记载较为翔实。第二种资料是故事发生年份郯城新任知县黄六鸿编纂的《福惠全书》，凡三十二卷。此类文献常被归入"官箴书"之类，乃帝制时代地方官员为官的经验总结和参考指南。在同类文本中，黄六鸿所著的《福惠全书》又以详尽准确著称，全书分筮仕、莅任、钱谷、杂课、编审、清丈、刑名、保甲、典礼、教养、荒政、邮政、庶政、升迁等部，堪

---

① ［美］史景迁.妇人王氏之死[M].李孝恺，译.台北：麦田出版，2009：24—25.

称清代州县行政的"百科全书",为其后任官地方者所必读。王氏之死的案情原委,即来自该书第十四卷《刑名部·疑狱》,①这可能是史景迁发现此一研究选题的线索起点。如果说,以上两种核心材料都还具备某种官方及史料性质,此书所用第三种材料——蒲松龄的《聊斋志异》——则通常被认为只是花妖狐魅的文学作品,不会成为严肃史家的取材来源。蒲松龄正好于1670—1671年经过郯城,史景迁大胆地运用《聊斋志异》中的情节和对人物形象、心理的描摹,即他自称"蒙太奇的形式",补充以上两种传统历史、行政著作,揣摩、揭示诸如寂寞、淫荡、梦境等更为细腻复杂的情感与人性。其中虚实之间的尺度把握甚为困难,也是此书引致部分批评的靶点之一。

换言之,史景迁在该书中,是将方志、官箴、小说三类看似关联甚少的材料,在寻求其时间(1670年前后)和空间(山东郯城)交集的基础上,尽量将其巧妙关联。在此过程中,确实需要对传统中国地方社会具有深入的认识,②再加以非同寻常的材料剪接和驾驭功夫。在该书中,史景迁在处理方志文献所记载的郯城地理、赋役、人物,黄六鸿所留下的行政记录,大清律令与社会风俗,以及文学作品的描摹与想象之间,确实有其过人之处。该书在表达上对文学与叙事的偏重,乃其重要特色。比如开篇基于《郯城县志》的灾异记录,对于1668年突发大地震时场景惨烈、人群慌乱的再现③;基于《聊斋志异》等情节,尝试以"蒙太奇"的笔法,拟构王氏去世之前的梦境④;基于《福惠全书》中的验尸报告,重建王氏被其丈夫残忍谋杀、弃尸雪地的场景⑤。其中的细腻笔触和画面场景,读之令人如

---

① 黄六鸿.福惠全书[M].周保明,点校.南京:广陵书社,2018.王氏案情详见第262—267页.
② 当然,史景迁也得益于何炳棣(人口)、王业键(赋税)、马若孟(Ramon H. Myers,经济)、萧公权(乡村控制)、韩书瑞(Susan Naquin,叛乱)等学者对帝制中国的开创研究,使得本书能在较小的篇幅之内从容叙事,道尽婉曲,而免于陷入有关制度及事实的复杂考证。
③ [美]史景迁.妇人王氏之死[M].李孝恺,译.台北:麦田出版,2009:34.
④ [美]史景迁.妇人王氏之死[M].李孝恺,译.台北:麦田出版,2009:200—205.
⑤ [美]史景迁.妇人王氏之死[M].李孝恺,译.台北:麦田出版,2009:205—206.

若身临其境。

该书中看似行云流水的叙述和重构,其背后除了专业史家对材料的解读,还需要对历史现场敏锐的感通能力,以及人文学科独特的"共情"能力。史景迁的此种笔触,有助于将读者带入现场。校译者李孝悌也说:"我永远无法忘掉最后那一幕,王氏穿着软底红布睡鞋,躺在被白雪覆盖的林间空地上。王氏短暂的一生和发生在这块土地上的一切不幸与喧扰,虽然就此落幕,却在后世读者的心中,留下永难磨灭的记录。"①史景迁以职业历史学者而为畅销书作家,文笔优雅乃其力助。

无论如何,该书展现了历史书写中选择主题、处理材料和个性表达的一种新的尝试。如果没有史景迁勾连材料、驰骋想象,创作该书,读者很难如此身临其境地知道,在清初中国北方的一个普通县份,地震、灾荒、兵匪如何影响了地方政治的展开和普通民众的生活。我们更不会知晓,一位在正史中籍籍无名的农妇王氏,如何在哀怨情仇中结束了自己凄楚而卑微的生命。作者透过有限的公私材料,在穿越时空的抽丝剥茧之后,呈现了清初乡村民众的日常生活断面。

二、沈艾娣:《梦醒子:一位华北乡居者的人生(1857—1942)》

(一) 作者其人与其书

沈艾娣出生于英国,现为牛津大学教授。她在牛津大学读博期间,受业于科大卫(David Faure)。科大卫为当世中国历史人类学的领军学者,其研究的主要特色在于研究视野的自下而上,在研究方法上注重借鉴人类学的田野调查,在研究资料上重视对地方文书的发掘,以及各类非纸本素材的综合使用(如碑铭、遗迹、仪式、口述访谈等)。受此启发和

---

① [美] 史景迁.妇人王氏之死[M].李孝悌,译.台北:麦田出版,2009:20.

影响,沈艾娣的研究也多关注宗教、仪式、乡村、常人等主题。其已刊著作如 *The Making of the Republican Citizen: Ceremonies and Symbols in China* (Oxford University Press, 2000), *The Missionary's Curse and Other Tales from a Chinese Catholic Village* (University of California Press, 2013),均可得见此种取向。

《梦醒子:一位华北乡居者的人生(1857—1942)》(以下简称《梦醒子》)一书英文版于 2005 年由斯坦福大学出版社出版,题名 *The Man Awakened from Dreams: One Man's Life in a North China Village, 1857—1942*,2013 年出版中译本。该书的主要线索是清末民国山西地方举人刘大鹏的人生经历。沈艾娣在中文版序言中特别说明,此书的预期读者本为英美大学生,作者想用刘大鹏的故事向他们介绍近代中国的乡村,"为他们展现 20 世纪前期一个中国乡村日常生活的鲜活面貌",同时希望学生"反思现代性所带来的悲剧"①。

(二) 写作体例、结构与内容

以传记方法来书写个体生命,既往常见的写作结构是以时间为序,这也是中国以纪传为中心的传统史学的方法和特色。《梦醒子》虽然也是侧重书写个体生命,但在结构上并非尽属编年之法。从叙事的时间维度而言,该书多采倒叙及插叙的方法,甚至在历史现场与当代境况之间穿巡,从而尝试将历史情境、历史人物心境与研究者"同情之理解"相互交融。该书在序言部分,先将作者在刘大鹏故乡山西太原赤桥村进行田野考察的所见所闻、所感所知,与自己打算研究的对象及关怀融合论述,进而展现出"儒家传统变迁—近代山西政治经济—刘大鹏的个体生命"这一由宏观及于微观的关怀思路。而在具体展开上,则大致属于从微观及于宏观的路径,即透过解析刘大鹏的个体生命,透视近代山西

---

① [英]沈艾娣.梦醒子:一位华北乡居者的人生(1857—1942)[M].赵妍杰,译.北京:北京大学出版社,2013:中文版序 1.

的政治经济以及儒家传统的近代变迁。

  《梦醒子》在整体结构上的编排思路,亦可为传记书写提供一种新的参照形式,亦即按照传主身份变迁及其相应活动、心境来编排章节。全书主体总凡六章。第一章为"写作",主要述及刘大鹏作为传统士人典型的日记书写,及其编纂的《晋祠志》,从中透视作者的习惯、心境与志向。第二章为"儒生",从晋商背景讲起,述及刘大鹏读书、备考、应举、做官的曲折经历,揭示"教育作为社会流动手段与作为道德教化两种功用之间的紧张关系"①。第三章为"孝子",分析刘大鹏对传统儒家伦理核心"孝"的经典研习、引用,自我的书写、诠释、实践,以及其中的矛盾,尤其强调其对父母的孝行,将孝道与祸福安恙关联的传统伦理,并指出"他和父母的关系主导了他和其他家人的关系"②。第四章为"议士",分析刘大鹏作为传统地方士人精英,在地方公共事务上的努力和影响,揭示其中"经世致用"的恒久梦想与实践困境。其中,涉及刘大鹏所参加的晚清山西谘议局关于教育及财税问题的辩论,以及对民国政治的迎拒两难和对地方事务的影响日微。第五章为"商人",讲述民初刘大鹏因生计艰难而涉足采煤,初期仰仗其声望而令生意起步,并追加投资,甚至一度被推选为煤矿事务公所经理。然而,随着煤矿及其他行业税收层层加码,地方政府扶持大型现代煤矿而牺牲小型煤矿,加之通货膨胀、与蒙古边境贸易消失,到20世纪30年代初,刘大鹏及不少"原本由本省的工商业养活的农村人口陷入贫困"③。最终,刘家只能靠其仅有的耕地度日。第六章为"老农",刘家的主要经济来源先为教学,后为工商,最终转为依靠有限的土地产出。其中讲述刘大鹏作为儒家士人,曾饱读诗书,终为老农,讲到

---

① [英]沈艾娣.梦醒子:一位华北乡居者的人生(1857—1942)[M].赵妍杰,译.北京:北京大学出版社,2013:20.
② [英]沈艾娣.梦醒子:一位华北乡居者的人生(1857—1942)[M].赵妍杰,译.北京:北京大学出版社,2013:47.
③ [英]沈艾娣.梦醒子:一位华北乡居者的人生(1857—1942)[M].赵妍杰,译.北京:北京大学出版社,2013:113.

他对农务的理解、安排与参与,其间自然气候对农业的根本影响,地方关于水务、灌溉、祈雨的实践,以及农业经济的衰落和传统道德教化的丧失(如敬惜字纸)①。通过这样的架构设计,在典型的编年书写之外,本书以身份、心态、活动为主划分章节,在人物刻画及时代分析上更具层次感和立体感。

(三) 研究视野、方法与史料

在整体方法取向上,《梦醒子》借鉴了微观史学的路径。沈艾娣概述本书的贡献,亦谓其"提供了一种微观史的范例:对一个相对不为人所知的个体生命进行细致的研究,旨在展现普通人的生活经历和思想世界"②。因此,作者在序言中,照例提及研究早期近代欧洲社会的史家如卡洛·金茨堡、纳塔莉·戴维斯、罗伯特·达恩顿,以及中国史领域如史景迁的代表作品。微观史学的此种取向,注重对个体生命的深挖细描,反思传统宏大叙事的整体化倾向。此种方法看似零碎,但若能提挈要领,反而能从追求宏大的空洞叙事中抽身,进而从细节深描中见其"宏大"。在《梦醒子》一书中,沈艾娣希望将刘大鹏作为一个真实的人(而非某个阶级或者某一类人的化身),这样"能启发我们重新思考生活在 20 世纪中国的变革当中会是什么样子"③。诚如作者所言,真实的人总是非典型的,与同侪成长于某种共同的社会及文化环境中,但又各有特质。如果历史叙事过多着眼于刻画乃至塑造典型,希图总结规律,则难免失真,这也正是微观史学尝试补正宏大史学之处。作为微观史学在呈现方式上的重要特色,《梦醒子》也同样采用了叙事的笔法。在沈艾娣细腻的叙事中,儒家士人刘大鹏的个人写作实践,读书、教书与考

---

① [英] 沈艾娣.梦醒子:一位华北乡居者的人生(1857—1942)[M].赵妍杰,译.北京:北京大学出版社,2013:132.
② [英] 沈艾娣.梦醒子:一位华北乡居者的人生(1857—1942)[M].赵妍杰,译.北京:北京大学出版社,2013:中文版序 2.
③ [英] 沈艾娣.梦醒子:一位华北乡居者的人生(1857—1942)[M].赵妍杰,译.北京:北京大学出版社,2013:7.

试经历,对儒家孝道及家庭伦理的维系,经商、务农及参与地方公共事务的种种活动,在有限的篇幅中得以复活。叙事与分析的结合,让《梦醒子》一书在具有可读性的同时,不失其思想性,这正是微观史学及叙事研究的要义所在。

《梦醒子》一书在方法上的另一特色是受到历史人类学的影响。沈艾娣通过结合在山西的田野调查、口述访谈、文献查阅经验,不仅让她在史料搜集上收获甚丰,还对刘大鹏曾经生活奋斗之地的山川地理、风土人情更有深切的在地认识,并且与刘大鹏后代及村人后代访谈通信,更加深刻地理解刘大鹏的生活场景与家庭关系。此外,即便就文献解读而言,深切的在地经验也让沈艾娣对于生产"文本"的环境更有体验,由此更能理解其作者的生活及心境。或许可以说,正是由于此种由于异域陌生而产生的"敏感性",结合研究调查而发展出的"在地感",才让《梦醒子》这类西方学者的中国研究,对中国读者而言既熟悉又陌生,又其视角与表述均属不同,故能在中文学界受到欢迎和重视。

在研究史料方面,《梦醒子》一书的核心材料有二:一为《退想斋日记》,二为《晋祠志》(书名中的"梦醒子"即取自该书,刘大鹏曾以此为号)。以上两本书的作者均为刘大鹏。不同于《妇人王氏之死》的主角,《梦醒子》一书的研究对象虽然未能通过会试一殿试,但已有举人名衔,属于张仲礼所称之"上级士绅",在传统地方社会中有着相当的地位与声望。[①] 更为重要的是,刘大鹏透过自我书写,给自己及地方社会的历史留下了详细记录。而且,由于《退想斋日记》的发现与部分整理刊出,[②]刘大鹏这一典型内地士绅在应对清末教育变革、科举停废、社

[①] 张仲礼.中国绅士:关于其在十九世纪中国社会中作用的研究[M].李荣昌,译.上海:上海社会科学院出版社,1991.

[②] 刘大鹏.退想斋日记[M].乔志强,标注.太原:山西人民出版社,1990.《退想斋日记》稿本有200余册,目前通行者仅为部分整理排印本,全部稿本即将由三晋出版社影印出版。

会变迁中的观感与反应,也引起不少学者的关注。① 日记者,逐日之所记。当代史学倡导生活、微观、叙事、心态、生命等关键词,应该充分发挥和认识日记这一文类的独特价值。日记在写作之时多无发表和公诸于世的意图,因此相对真实可信,多数情况下更能呈现作者的内心活动,还有可能透露一些外界难以知晓的历史真相和机密材料;如果是工作日记,乃为写给别人看,或是记主起初即知日记将来会公之于众,则真实性就相对差些,但仍有重要史料价值。在《梦醒子》一书中,刘大鹏的《退想斋日记》《晋祠志》既是核心的史料来源,实际也是沈艾娣展开文本和话语分析的对象素材,从中解析传统士绅的书写习惯、文化志业、记忆与身份认同的塑造,从而进入书写对象的生命世界和精神世界。这也是《梦醒子》一书在资料运用方法上可以提供给我们的启示之一。

尚需补充论及的,是微观史学与宏观观照之间的联系问题。当代史学的高度专业化和碎片化,确是史学界面临的一大问题。微观史学之"微观",是言其入手点;至于其着眼点,则宜"宏观"。此外,选择微观之研究对象,也应判断并究明其意义,否则难免梁启超所谓"邻猫产子"之讥诮。一如沈艾娣所言,此书中实际蕴含颇多的宏观议题,如现代化的论述,情感的历史,儒家伦理的变化等②;其正文对刘大鹏生平诸种身份与活动的书写,无一不是放在传统儒家伦理及其近代变迁,以及山西近代政治经济的宏观背景下进行论述;在结语部分,沈艾娣进一步补充刘大鹏晚年在经济、家庭、道路坚守上的困境,并追述刘大鹏去世后直至改革开放期间,赤桥居民身份标签的变化及经济结构的变迁,以及其间的巨大困难。此外,细心的读者定能发现,在沈艾娣所呈现的刘大鹏身份

---

① 其代表如罗志田.科举制的废除与四民社会的解体——一个内地乡绅眼中的近代社会变迁[J].清华学报,1995(04):137—160.关晓红.科举停废与近代乡村士子——以刘大鹏、朱峙三日记为视角的比较考察[J].历史研究,2005(05):84—99+191.
② [英]沈艾娣.梦醒子:一位华北乡居者的人生(1857—1942)[M].赵妍杰,译.北京:北京大学出版社,2013:中文版序 2.

中,传统"四民社会"之士、农、工、商四种身份他都曾有经历。刘大鹏从传统的儒家读书中举之士,到科举革废、帝制终结后借助山西政经环境,一度依靠工商经营为生,到最后工商衰败而回归务农,惨淡经营。刘大鹏的奋斗与艰辛,实际是近代中国巨变中内地乡村人士的缩影,也折射出传统中国"四民社会"的解体及重建新秩序的艰辛。沈艾娣在篇末亦言,"正如20世纪前十年以后所发生的一切,现代化国家强势推进改革,而很少考虑到被卷入其中的普通百姓的感受和经历变革而付出的巨额代价"①。

要之,《梦醒子》在研究视角和研究方法上给我们启示是:以微观史学的视角,透过日记与志书作为史料客体及文本主体的互动,结合文献分析、文本分析、话语分析及田野调查的方法,以细密叙事的笔法刻画近代中国巨变中一位内地士绅的生命历程和生活世界。沈艾娣从微观入手,也从宏观着眼,透过刘大鹏的生命史和生活史,力图呈现和思考的其实是儒家学说与道德的近代变迁及其困境,以及现代化国家推进中地方政治、经济、生活的兴衰。沈艾娣在日常生活变迁背后所关注的,其实是诸如文化资本、社会流动及社会变迁等"宏大"问题。

三、王笛:《茶馆:成都的公共生活和微观世界,1900—1950》

(一) 作者其人与其书

在理想的状况下,从事地方历史与文化研究的学者,需要在必要的"在地感"和"疏离感"之间取得平衡,前者讲求入乎其内,后者强调出乎其外。以本土出身而在外接受学术训练,是获得此种条件的可能路径。王笛生长于成都,初期任教于四川大学,其后赴美,师从罗威廉(William Rowe)于约翰斯·霍普金斯大学取得博士学位,并于得克萨斯

---

① [英]沈艾娣.梦醒子:一位华北乡居者的人生(1857—1942)[M].赵妍杰,译.北京:北京大学出版社,2013:142.

A&M大学任教,后转任澳门大学历史系杰出教授。王笛初期代表著作为1993年在中华书局出版的《跨出封闭的世界——长江上游区域社会研究,1644—1911》,其后以从微观角度研究城市史知名,研究区域对象主要即为近现代成都,其博士论文《街头文化:成都公共空间、下层民众与地方政治,1870—1930》(*Street Culture in Chengdu: Public Space, Unban Commoners, and Local Politics, 1870‑1930*),于2003年由斯坦福大学出版社出版。此后,王笛长时间聚焦研究成都茶馆,本书为其茶馆研究系列著作之一。

本书英文版初于2008年由斯坦福大学出版社出版,题名 *The Teahouse: Small Business, Everyday Culture, and Public Politics in Chengdu, 1900‑1950*,直译应为《茶馆——成都的小商业、日常文化与公共政治,1900—1950》。其后经由王笛翻译,并增补调整部分篇章,比如将英文原版中分别讨论茶馆经济及茶馆生活的两个部分调换顺序,并增补关于袍哥的专章。① 中文版于2010年由社会科学文献出版社出版,广受学界关注,2015年再版;2021年北京大学出版社再出修订版。此外,作为该书的续篇,王笛聚焦1950—2000年成都茶馆变迁著作的中、英文版均已刊出。② 两书合观,可从微观镜头之中,折射整个20世纪中国城市社会生活变迁的诸多面相。

(二)写作体例、结构与内容

本书按照专题思路谋篇,结构较为清晰。第一章为导言,阐述本书题旨,力图"从社会、经济和政治的角度考察成都人坐茶馆的生活方式和

---

① 王笛.茶馆:成都的公共生活和微观世界,1900—1950[M].北京:社会科学文献出版社,2010:507.关于四川袍哥,作者此后撰有专书,参见王笛.袍哥:1940年代川西乡村的暴力与秩序[M].北京:北京大学出版社,2018.
② Di Wang. The teahouse under socialism: The decline and renewal of public life in Chengdu, 1950‑2000[M].Ithaca: Cornell University Press, 2018.王笛.茶馆:成都公共生活的衰落与复兴(1950—2000)[M].香港:香港中文大学出版社,2022.

文化现象"①,并依次讲明研究的时空背景、研究取径、资料使用及谋篇思路。正文主体分为三部。

第一部为"茶馆与社会",研究茶馆的社会文化史,包括三章(第二章至第四章)。其中第二章"闲茶"聚焦茶馆的生活、休闲及社交功能,通过考察作为成都人日常生活的坐茶馆、吃闲茶,论及其中交流信息、批评时事并进而引起政府关注,以及通过"喊茶钱"体现的微妙人情世故;第三章"娱乐"讨论茶馆的娱乐功能,涉及其中的演戏、评书、曲艺及播放电影等活动,从中可见民众娱乐需求、精英通过民众教育改良社会,以及政府为了整饬风化、稳定秩序而施加管理控制;第四章"群体"聚焦阶级与性别议题,涉及茶馆经营者与各类小贩、小微服务从业者的合作,茶馆作为各类社会组织、团体总部或聚会地点的拓展功能,以及其中呈现的女性进入茶馆服务的争议与冲突问题。

第二部为"茶馆与经济",研究茶馆的经济文化史,总凡三章(第五章至第七章)。第五章"经营"聚焦于茶馆的资金、税务负担及开办方法,揭示茶馆作为成都经济的重要组成,以及小本生意的生存之道;第六章"工会"讨论成都市茶社商业职业工会的性质、组织架构,及其在行业与国家之间的协调周旋,以此达到控制价格、组织抗税及限制茶馆数量的目标;第七章"堂倌"聚焦于茶馆内部及茶社业工会内部的人际关系与"职场文化",并通过对"茶博士"、各类工会、女茶房的分析,探讨其中的性别、劳工与国家议题。

第三部为"茶馆与政治",研究茶馆的政治文化史,总凡三章(第八章至第十章)。第八章"讲茶"聚焦作为传统基层仲裁的讲茶与讲理,提示其中"相对自治"的实态与限度,并通过对"摆茶碗阵"的分析,揭示茶馆

---

① 王笛.茶馆:成都的公共生活和微观世界,1900—1950[M].北京:社会科学文献出版社,2010:11.

与袍哥组织的关系,以及社会力量与国家机器之间的关联;第九章"混乱"集中讨论茶馆中发生的少数纠纷、争端乃至流血暴力,揭示日常生活温情之外的严酷一面,以及其中各类群体之间的力量竞合;第十章"秩序",分析民初改良与革命、军阀统治、抗战内迁、国共内战四个时期,民众、精英与国家在茶馆作为"政治舞台"上的角色,揭示其中国家控制逐渐深入民众日常的大势。

第十一章为结论,重归"地方文化与国家权力"的论析,并透过比较视野,讨论成都茶馆与西方酒馆、咖啡馆、餐厅、酒吧等"公共空间"在经营形式及社会功能上的异同。

除了上述结构内容,本书前后另设"引子"及"尾声"。引子以"早茶"为题,书写1900年1月1日,即20世纪的第一天,成都茶馆一如往常地开张准备早茶;尾声以"寻梦"为题,叙事定格在1949年12月31日,亦即20世纪上半叶的最后一天,茶馆如常关门之后,以此营生者进入梦乡。两个部分所呈现的看似是日常生活,实际背景皆是巨变:前者为庚子事变,后者为成都解放,以及由政权兴替带来的社会变迁,展现出巨变中的日常及其书写意义。其中甚至可以看到,时人的"不知"和史家的"难知"之间的错落,以及不同时代、地域及不同阶层群体的"时间观"存在微妙而重要的分殊。引子及尾声相互照应,设计巧妙,书写生动,可谓匠心独运。

(三) 研究视野、方法与史料

在史料发掘及运用方面,本书首先建基于成都市档案馆所藏民国时期有关警察、商会、政府商业管理的档案,从中得见茶馆经营、资金、利润、竞争、价格、征税等情形。其次,本书也大量使用报纸、游记及私人记录等资料,以丰富现场记述。此外,作者还参照使用了以成都为背景的部分历史小说,如李劼人的《暴风雨前》和《大波》等[①]。有了此类资料基

[①] 王笛.茶馆:成都的公共生活和微观世界,1900—1950[M].北京:社会科学文献出版社,2010:39—41.

础,作者在具体运用时,则将详细而复杂的统计表格列为附录,尽量避免此类资料对于叙事和阅读的影响。书中使用许多历史照片、插画、风俗画等,乃至瑞典汉学家马悦然(Göran Malmqvist)在成都考察时的现场录音,殊为珍贵。此外,本书还得益于作者的多次现场考察,乃至自身作为成都人的长期生活经验。其中诸如围绕燃料、生活热水以及茶馆厕所、尿水处理等细节而具体的生活议题,展现出茶馆与周围社群之间紧密的依存关系[1],可谓真切而入微。在资料使用中,作者注重辨析各类资料的性质、特点及其局限,即便对于史学研究通常较为信赖的档案,也是如此。比如,在工商档案呈现的1942年四家茶馆收支记录中,作者提示其中的支出数据存在被茶馆方面夸大的可能[2];在关于"讲茶"现场混乱的描述中,则分析李劼人作为相信现代国家及其司法权的新知识分子,对于此种传统调解仲裁的可能偏见[3]。寻得资料之后,如何恰当处理其中呈现或遮蔽的事实信息,解析材料背后的可能意涵,并以畅达的语句行于笔端,确实考验史家功力。

在理论视角及研究取径方面,本书以及作者的系列论著,有以下几个方面值得重点留意。首先,关于"公共领域"(public sphere)。这个由哈贝马斯阐明的分析视角,曾被学者用以解析西方"公民社会"的形成问题,颇有解释力量。作者从茶馆的"物质空间"出发,拓展申论其作为社会与政治空间的意涵,进而指明茶馆乃是"名副其实的公共领域",并在比较视野下拓展讨论茶馆与西方社会类似场所的异同,以及其中所呈现的公私关系[4]。其次,关于"新文化史"和"微观史"。新文化史之"新"意,

---

[1] 王笛.茶馆:成都的公共生活和微观世界,1900—1950[M].北京:社会科学文献出版社,2010:33—38,214.
[2] 王笛.茶馆:成都的公共生活和微观世界,1900—1950[M].北京:社会科学文献出版社,2010:208.
[3] 王笛.茶馆:成都的公共生活和微观世界,1900—1950[M].北京:社会科学文献出版社,2010:341.
[4] 王笛.茶馆:成都的公共生活和微观世界,1900—1950[M].北京:社会科学文献出版社,2010:中文版序5,426—431.

作者认为主要体现在两个方面:"一是研究对象重心的转移,即从英雄人物转到普通人;二是研究方法的改变,强调多学科交叉,特别是人类学的影响。"[1]作者也明确指出,本书可谓"新文化史和微观史取向在中国史研究中的一个实践",回溯西方史学书写中的代表论著对其微观视角、日常取向以及详细叙事的影响,同时也强调自身在问题意识、解读资料、分析事件等方面的不同之处[2]。上述取径,均能看出一个具有国际学术视野的学者,在参鉴西方史学既有理论及方法的同时,对于自身研究立场及问题语境的必要自觉。

此外,该书在本土语境之中,注重处理以下几对关系。其一是国家政权与地方文化的关系。本书侧重剖析呈现在中国20世纪上半叶的巨变中,国家如何"逐步深入和干涉人们的日常生活"[3],以及地方文化在此过程中展现出来的韧性与活力。而在国家与民众之间,实际还存在诸多联通上下的"中层",比如各个时期的改良精英、行业公会及职业工会等,由此得见现代中国国家建构中的多方互动。其二是历史巨变与日常生活的关系。本书考察的时段,实际涉及历史大事甚多,比如庚子事变、辛亥革命、袁氏称帝、四川军阀统治、抗战内迁、成都解放等,但在实际书写中,这些历史巨变都被折叠在看似波澜不惊的历史叙事中,更多展现民众"日常"的惯习、悠久与韧性;同时,其中又时常可见政局大势的遍在影响,可见"常中之变"与"变中之常"的张力。其三是"男性空间"与女性角色的互动。作者融入性别视角,专门讨论女艺人、女茶房、工会女性领导进入传统由男性主导的行业和空间的过程,以及其中围绕风俗、生计和性别暴力引起的问题与争议,由此也揭示出近现代中国转向的另一关键

---

[1] 王笛.西方新文化史对中国史研究的影响[J].历史研究,2020(04):21—29.
[2] 王笛.茶馆:成都的公共生活和微观世界,1900—1950[M].北京:社会科学文献出版社,2010:中文版序7—11.
[3] 王笛.茶馆:成都的公共生活和微观世界,1900—1950[M].北京:社会科学文献出版社,2010:中文版序3.

面相。

上述立场与取径,又多关乎此类研究"碎片化"的议题。作者曾有专文论此,辨析"碎片化"在中国史研究领域是否已成为真问题,并且指出:"历史研究的价值不是由研究课题本身的重要性来决定的,而在于研究的历史眼光和历史解释,一些貌似平淡无奇的对象,史家却能从中发现认识和理解历史的深刻内涵。"① 总之,王笛以一种"显微镜"的视角尺度,② 解剖成都茶馆这一组"社会细胞",展现其肌理,分析其活力。其中,可以得见诸多真实的市井常人的日常,以及世间百态的常情与常理。通过解析此种作为"生活方式"的文化现象,透视20世纪上半叶中国的国家建构过程中,国与民的进退关系。作者以其系列研究,展现了微观折射宏观、小写通向大写的魅力和潜力,这或许是其研究能在东西方史学界受到重视的原因。

---

① 王笛.不必担忧"碎片化"[J].近代史研究,2012(04):30—33.
② 作者另以"显微镜"为题旨,萃集其关于近代四川的街头、茶馆、袍哥及麻将的部分研究而成一书,详参王笛.显微镜下的成都[M].上海:上海人民出版社,2020.

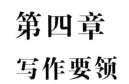

第四章
写作要领

生活史研究的成果有多种表达的可能及形式,其中学术写作仍为主流。作为历史学范畴之内的学术研究,史料的搜集、整理和解读乃学术写作的首要基础。在选题写作和表达方式上,生活史研究也呈现出一些特点,比如通常采取微观视角或案例研究的方式切入,注重"叙事"的探究及表达,并从人类学的方法论中得到启示。毋庸讳言,生活史研究不仅不能"包打天下",本身还面临一些内在的困境和外部的挑战,需要研究者具备较为清晰的认识,并在具体研究中尽量弥补其不足,寻求突破之道。

一、生活史研究的史料视野

如果将历史研究比作炊饭和煮菜,那么史料就好比是米麦和食材,没有合适的史料,再高明的史家也将束手无策。早期"新史学"的代表人物鲁滨孙指出,历史"是研究人类过去事业的一门极其广泛的学问",并举例说"瑟利地方的石斧和今天早晨的报纸,都是史料来源"。[①] 今日所见史料的种类和数量,又远较鲁滨孙百年之前所论为多。尤其是最近二三十年,国家和地方层面对文献整理和出版着力甚多,投入可观,又辅以日新月异的数字处理、存档和传播技术,大量新兴史料喷薄而出,且获取便利,为日常生活史研究提供了前所未有的条件,也相应提出了新的要求。史料的具体分类标准很

---

① [美]詹姆斯·哈威·鲁滨孙.新史学[M].齐思和,等,译.北京:商务印书馆,2012:1.

多,此处主要依其记录形态和呈现方式,分文字资料、实物资料、视听资料及口述资料四项加以介绍,并分析其与生活史研究的可能关联。

(一) 文字资料

通常情况下,文字资料仍为历史研究所用材料之大宗,常见文字材料约有以下十类。一为档案史料类。此类材料形成时间距离史事相对较近,而为传统史家所重视,通常视为一手资料、原始资料。欧洲日常生活史的兴起,很大程度上就是得益于教堂、法庭等所留下的详细记录。目前中国国家级及省市级的档案馆多数已开放查阅,陆续整理出版的档案史料也所在甚多;县级档案馆的开放程度则相对有限,其中蕴藏丰富的地方生活史资料,值得探索和期待。二为正史典制类。此类材料能提供一时一代之政经大势,不宜因其"正典"性质而以为与日常生活史研究无所关涉。实际上,即便是曾被视为"帝王家谱"的历代正史之中,其本纪、列传,以及诸如灾异、礼乐、舆服、食货等专志部分,都有较为丰富的生活史素材值得挖掘。三为野纪杂史类。此类材料往往能在正史记录之外提供更为丰富而生动的民间生活史素材。当然,使用此类材料,也需要史家具备相当的考证辨识功夫。四为方志谱乘类。作为传统中国史学体系的重要组成部分,地方史志和家族谱乘提供了更多独特的地方知识、地方文化和地方架构,这对于日常生活史研究的微观视角及地方视角而言,都至关重要。五为地方文书类。此类材料尤指地方人民在过往生活尤其是经济生活中留下的契约文书,过往较少被发现和重视,近年则被大量发掘和整理。其中影响较大者如贵州清水江文书、徽州文书、浙江石仓文书等,均为地方社会史、经济史和生活史研究提供了重要支撑。六为日记文集类,七为书信自述类。这两类资料同属"私人书写"性质,对日常生活史研究尤其具有重要意义。在深挖细描个人思想、心态、情感方面,个人日记、书信、自传、回忆录等往往能提供更为真实的一面。① 随着当代书写和传播方式的革新,网络博客、微信日志、电子邮件乃至个人视频素材等,也可以成为生活史研究的素材,不过在使用授权方面需要特别留意。八为小说笔记类,九为诗词戏曲类。这两类材料倾向文学性质,前辈学者已有"以诗证史"和"以史证诗"的示范。文学作品的情节和场景虽不乏虚构,但在解释一时一地的人的生活(尤其是物质与经济生活)方面,又有不少细微独特的素材。十为报纸杂志类。这是近代以来传播方式改变后产生的大宗史料,此类材料发行及时、传播迅速、图文并茂,对于社会人生百态记述详尽,可谓生活史研究的资料宝库。而且,就近代中国报刊而言,近年一些数据库公司和图书档案机构已陆续将之作数据化处理,很好地解决了此类资料量多、分散、零乱等问题,值得深挖。

(二) 实物资料

在中国现代史学奠基阶段,王国维即有"二重证据法"的倡论,其中关键之一,即以地下出土之新材料与纸上之旧材料相互释证。中国素有金石之学,古典博学之士,亦开始留意研究上古青铜彝器、金石铭文。20世纪中国现代考古学的建立,极大地拓展了传统史学、史料的眼界与范围。其中,诸如甲骨、青铜器物、简牍等通常有文字铭刻记录者,乃至其他没有铭文的文物,均可为生活史研究提供新的素材;乃至文书、档案等原件除了提供文字信息之外,其作为文物的性质、产生及保存、流转等,亦可再加探究。20世纪中国历史的书写观念和书写范式较传统史学变化甚多,而且档案史料的四大发现(殷墟甲骨、秦汉简牍、敦煌文书、明清档案)也极大地拓展了历史研究的范围。不过,教育历史与文

---

① 其中,日记一类存量甚大,内容丰富,尤其值得重视。如邹振环所谓,"日记除了记录历史人物的活动外,还常常记录了个人生活中的一些最秘密、最深沉、最亲切的感情,可以说就是自己写给自己看的书札。作为最纯粹的私人写作,日记反映了个人精神生活的隐秘领域,而这些恰恰是正式的官方文书中所缺乏的内容。"见邹振环.日记文献的分类与史料价值[A].复旦大学历史系.古代中国:传统与变革[C].上海:复旦大学出版社,2005:326.

化研究中对这四大发现的反映和吸收,还有不少可以着力的空间。对于教育研究领域而言,教育文物的搜集、展陈、研究与出版,近年越益受到学界的重视。其中,尤其是具有中国教育传统特色的古代庙学、书院及贡院旧址、科举文物,近代学校旧址、教育家故居,以及近现代学校校刊、教科书、试卷、聘书、毕业证书等,均有重要的文献及文物价值,值得充分重视。①

(三) 视听资料

视听资料的优势在于,能够更加直观地提供有关历史现场与历史人物的生动信息。常见的视听资料约有四类:一类为图画。此为自古及今均在不断产生的材料;其余三类为照片、录音、视频,主要为近代科技发展的结果。当代史学的重要动向中,即有所谓"图像证史"的尝试,探讨传统"左图右史"与近代"图像叙事"的结盟,②以及影视史学的实践。生活史研究若要更加贴近民众生活场景,在资料来源及成果表现上,视听材料都值得深入发掘。

在教育研究领域,由华东师范大学教育高等研究院创设的"中国教育影像博物馆",其理念与实践值得关注。该馆分中国教育馆、国际教育馆、教育电影展播馆及教育文化纪录片等主题模块,分别呈现。③ 旨在"融合现代与历史,结合传统展示与多媒体互动,线上线下呼应,服务于学校、社区,面向社会,提供独具特色的文化教育平台,使博物馆与参与者建立一种新型的互动关系,并让观众在互动体验的展示形式下共同参与并诠释教育"。

在新的研究视野之下,一些精心策划的教育类纪录片,本身即可视

---

① 王雷.教育文物:书写在大地上的教育史[M].北京:中国社会科学出版社,2018.程道德.中国近现代高等教育文物史料图鉴[Z].北京:国家图书馆出版社,2022.
② [英] 彼得·伯克.图像证史[M].杨豫,译.北京:北京大学出版社,2008.陈平原.左图右史与西学东渐:晚清画报研究[M].北京:生活·读书·新知三联书店,2018.
③ 中国教育影像博物馆[EB/OL].[2022-08-20]. http://www.cime.ecnu.edu.cn/main.psp

为"公众史学式"的成果,并为新的教育历史与文化研究提供史料素材。先行研究指出,"教育影像的研究,透过影像中呈现的教育现场是历史的补充,可以丰富教育史学的研究。对纪录片教育现场采用叙事研究的手法,可提供临场的真实感和可视的教育叙事'场域'"。① 教育类纪录片代表之例,如《先生》《西南联大》《中国幼教之父——陈鹤琴》《高考》《中国式教育》(*Are Our Kids Tough Enough: Chinese School*)等,就其受众广度及社会反响而言,确有传统学术文字写作不及之处。

(四) 口述资料

口述资料就结果而言,最终还是以上述文字、照片或影音的形式记录和保存。此处将其单列,重在强调此种资料在场的、交互的生产过程。尤其需要留心的是,口头陈述和书面记录之间,信息含量存在差别。很多时候,书面文本只是记录者以特定符号和逻辑,有选择地呈现了部分口述信息,并且往往经过或多或少的加工。口述方法在中西历史书写中具有悠久传统。司马迁为撰《史记》,遍游南北,諏采访求;"history"的西文语源,本有"讲述"(narrate)及"探询"(inquiry)之意。随着当代史学的发展,口述史学不仅成为一种重要的研究方法,得到从事现当代历史研究者的广泛重视;而且,它还成为一个重要的分支领域,有为数甚多的口述史作品,更有专门的中英文学术刊物,形成理论体系。口述资料的搜集,一般通过田野调查、访谈及问卷等方法获得。这些方法的优势,在于能够使历史研究的对象更多地参与书写过程,聆听他们自己的声音。在实际操作中,研究者需要平衡在场的观察者及外在的分析者之间的角色,避免以自己的意思取代被访对象的思想。而且,口述历史通常涉及个体的记忆,其中有些甚至是个体心灵深处的创伤。真正高明的口述史家,应该是一个优秀的提问者、倾听者和记录者。在某种程度上,他还应

---

① 毛毅静,丁钢.别样的历史叙事:作为一个研究领域的教育影像[J].教育研究,2013,34(01):10—15+43.

该具有解读人类情感和心理的复杂能力。由此,他不仅能引导受访者重溯记忆,而且能将此种访谈变成一种有益的交流与倾诉,甚至通过访谈,帮助疗愈受访个体或群体的记忆和心灵创伤。如此,则日常生活史研究还能真正裨益于日常生活。

以上所述,只是依据史料呈现形态稍作分类。还应该留意到,即便就中国研究而言,以上类别的史料不仅在国内可以得到,在海外也可大量寻得。① 近年随着中外交通的发展,大量海外稀见史料不断被发掘和刊布,成为中国研究一个新的增长点。总而言之,研究材料的广泛搜集和细密解读,仍然是日常生活史研究的关键基础。实际研究中,研究者只要放宽史料视野,转换搜寻思路,总能有所收获。傅斯年谓"上穷碧落下黄泉,动手动脚找东西",此种要求和期许,同样适用于当代生活史研究。

最后还应留意的是,信息技术和互联网平台的发展,给史料的保存和传播带来了深刻影响,互联网本身也正成为海量生活史研究资料的生产源地。此种现状,还会连带影响学术研究的技术路线设计乃至提出问题的方式,近年更有方兴未艾且毁誉参半的"数字人文"(digital humanities)的讨论与实践。本书第六章"教学叙事"部分,将以教学生活史的具体案例略涉此一动向及议题。

二、生活史研究的表达方式

(一) 案例研究的必要与特色

就考察范围及样本数量而言,不仅是生活史研究,绝大多数历史研究在不同的参照尺度上,都不可避免地成为聚焦"案例"的研究。为何如此?这与历史研究的工作对象及书写条件密切关联。梁启超曾谓,历史研究依赖之"史料",乃是"过去人类思想行事所留之痕迹,有证据传留至今日者";

---

① 详参王国强.网洋撷英:数字资源与汉学研究[M].南昌:江西高校出版社,2020.

问题在于,"思想行事留痕者本已不多,所留之痕,又未必皆有史料的价值。有价值而留痕者,其丧失之也又极易"。① 严耕望论历史研究的具体规律,首先强调"尽量少说否定话",因为"过去发生的事,只有少数记录下来;有记录的,又未必传世,一直传到现在;而现在保存的记录,自己也未必都已看到",②并画出图示。

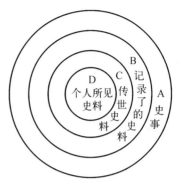

图 4-1 史事与史料之关联示意图

诚然,从图 4-1 中外圈的 A 层到内圈的 D 层,其中的信息载量被不断减损,史事时代越早,越是如此。就像本书引言中的例子,即便是现场亲历的"史事",实际记录和书写时也存在多元可能和诸多挑战。而且,图 4-1 中各圈层的意涵主要还是基于"客观史学"的立场及信念而论。历史研究强调"让事实本身说话",不过在实际书写时,"由哪些事实说话、按照什么秩序说话或者在什么样的背景下说话,这一切都是历史学家决定的"。③ 在此意义上,图 4-1 中的历程其实尚可进一步延伸探讨:首先是即便研究者得见史料,能否确切解读、如何解读;其次是研究者解读史料之后,如何综合、如何表达;最后还关涉书写"文本"产生之后,读者如何阅读、如何理解。其中的每一步,都可能被加上不同的"滤网"或"分光镜",影响不同时期的人们对于整体历史及具体史事的理解。其中所指涉的语言与文字的"不透明"问题,也值得研究者加以必要的重视。

受限于此种现实,史家多是聚焦于特定层面的"案例",展开较为具体的研究。学者甚至指出,"从某种意义上来说,我们所写的历史,无论我们有多么深邃的目光,多么远大的抱负,多么宏伟的叙事,也不过是提

---

① 梁启超.中国历史研究法 中国历史研究法补编[M].北京:中华书局,2015:51.
② 严耕望.治史三书(增订版)[M].上海:上海人民出版社,2016:27—28.
③ [英]卡尔.历史是什么?[M].陈恒,译.北京:商务印书馆,2016:93.

供了一个历史的碎片,至多有的碎片要稍微大一些而已"。① 对于日常生活史研究而言,案例研究是选题和写作中经常采取的重要视角。也应当看到,基于案例的研究也有其不可忽视的价值和优势。首先,由于研究对象较为确定,范围相对较小,在史料搜集整理方面,更有可能"竭泽而渔"。其次,针对具体个案,更有机会展开细致的描摹和深入的解析,以弥补整体研究力求面面俱到但实际面面难到的缺陷。当然,在此过程中,需要研究者心思细密,眼界宽宏。而且其中另有几层挑战,需要认清并寻求突破,下文详及。

(二) 叙事的意涵与意义

"叙事"乃生活史研究至为重要的探究及表达方式,该词今日一般用作"narrative"的对译。关于"叙事"的语义源流,谭帆新近作了具体考察,指出"叙事"经由《周礼》、史学和文学的语义流变,构成了完整的语义内涵,而在小说领域得以融合和发展。在中国古代,"叙事"内涵丰富,绝非单一的"讲故事"可以涵盖,这种丰富性既得自"事"的多义性,也来自"叙"的多样化。对"叙事"的狭隘理解是20世纪以来形成的,并不符合"叙事"的传统内涵,"叙事"与"narrative"的对译实际"遮蔽"了"叙事"的丰富内涵。②

叙事作为传统人文学中重要的修辞和表达形式,在中西传统史学中均有呈现。肇端于19世纪的现代历史学,其规范化、科学化的取向,逐渐消解传统史学的叙事路向,至20世纪上半叶臻于其极。受此影响,历史哲学从思辨走向分析,历史撰写由叙事史学走向科学化史学;史学书写尝试靠近"科学"范式,其后又深受社会科学影响,而渐离人文学术本质。然而,此种趋势在二战之后的西方史学界开始转变。尤其是自20世纪六七十年代起,基于反思科学化史学的趋势及问题,叙事被重新提倡和重

---

① 王笛.不必担忧"碎片化"[J].近代史研究,2012(04):30—33.
② 谭帆."叙事"语义源流考——兼论中国古代小说的叙事传统[J].文学遗产,2018(03):83—96.

视。1979年,英国历史学家劳伦斯·斯通发表《叙事的复兴:反思一种新的传统史学》,指出20世纪上半叶"科学史学"对两千年史学叙事传统的离弃,以及战后史家重归叙事的"暗流"。其论"叙事"的意涵及旨趣曰:

> 叙事意味着按照时间先后的连续顺序组织材料,并将其内容聚焦于单个条理连贯的故事之中,当然其中会有分支情节。叙事型史学区别于结构型史学的两条本质路径,在于其结构布局是描述的而非分析的,其核心焦点在于人物而非环境。因此,它所处理的对象是独特的、明确的,而非集合的、统计的。叙事是一种历史书写的模式,但它也是一种可以影响书写内容和方法并被内容和方法影响的模式。①

不过,斯通也指出,其时新史家所倡叙事,与传统叙事史家已有五点不同:其一,新史家几乎都是关切穷人及默默无闻者的生活、感情与行为,而非大人物及有权势者;其二,他们在方法上分析与叙事并重,两种模式互换;其三,他们启用新史料,如刑庭记录;其四,他们常以不同于荷马等人的方式讲故事,受到现代小说、弗洛伊德观念及人类学家的影响;其五,他们描述一人、一次审判或一次插曲,目的是要说明过去的文化或社会的内部运作。② 在新的史学实践中,"叙事"这一体现史学本质的古老传统和笔法重新焕发了生机。

在针对中国教育历史、社会与文化的具体研究中,丁钢及其研究团队进行了富有成效的探究。其中,既有对于教育研究的叙事转向、教育

---

① Lawrence Stone. The revival of narrative: Reflections on a new old history[J]. Past & Present,1979(01):3—24.
② 此处概述参考周愚文.教育史学研究[M].台北:台湾师范大学出版中心,2014:137.

叙事的理论、方法论的探究,①也有针对具体领域和主题的研究实践,包括透过教育影像的研究,提供临场的真实感和可视的教育叙事"场域",关于屏风的空间、图像及其叙事的教化寓意等。② 总而言之,"教育叙事的主要目的在于关注日常教育实践与经验的意义"。③ 这与日常生活史研究的旨趣和进路均有较为契合之处,值得深入探讨和运用。

(三) 来自人类学的启示

人类学所提倡的"深描"或"厚描"(thick description),也被越来越多地运用到文化史、生活史及微观史的研究中。在文化人类学的民族志中,不仅注重记录其"说过什么",解释其通过各种"符号"呈现的行为,注重其具体语境;而且,其中尤其重视被观察/研究对象自身的主体诠释及意义呈现,进而更好地理解其文化——行为化的"文献"。正如美国人类学家克利福德·格尔茨所言,他在研究中"试图一方面抑制主观主义,另一方面抑制神秘主义,试图使符号形式的分析尽可能紧密地与具体的社会事件和场合,即普通生活的公众世界联系在一起,以那样一种方式组织这种分析以使理论公式和描述性解释之间的关系不致被诉诸于尚未澄清的知识而弄得模糊不清"。④ 日常生活史的研究,往往涉及具体而微的文化语境及千差万别的个体经验,研究者更需要具有此种观察、分析及呈现的细微功夫及"在地"感觉。

此外,"不浪费的人类学"之说,或亦可为生活史研究提供参鉴。所谓"不浪费的人类学",即在扎实的田野工作基础之上,人类学家体现成果及表情达意的方式,不限于本学科自身的学术理论和规范论文,还可

---

① 丁钢.教育叙事的理论探究[J].高等教育研究,2008(01):32—37+64.丁钢.教育研究的叙事转向[J].现代大学教育,2008(01):10—16+111.
② 毛毅静,丁钢.别样的历史叙事:作为一个研究领域的教育影像[J].教育研究,2013,34(01):10—15+43.丁钢.转向屏风:空间、图像及其叙事中的教化[J].湖南师范大学教育科学学报,2017,16(04):1—5.
③ 丁钢.教育叙事研究的方法论[J].全球教育展望,2008(03):52—59.
④ [美]克利福德·格尔茨.文化的解释[M].韩莉,译.南京:译林出版社,2014:3—38.

以视乎需要,通过随笔、诗歌、散文、小说、影视、影像作品等,将其学习、调研和理解的知识、经验、体悟以及情感用多种方式表现出来。如庄孔韶的譬喻,"好比农田上功能欠缺的收割机过后,还需要男女老幼打捆、脱粒、扬场,乃至用各种家什跟在后面拣麦穗一样,尽使颗粒归仓"。① 此种理念,对生活史研究同样富有启示意义。由于研究视角的整体下移,关注对象的日常化和细微化,更需要生活史研究者富有耐心和洞察力,也使得所获研究素材形式多样,看似难成体系。此外在研究中不时会留下不少看似零散、性质各异的"边头角料",以及研究者自己的情感、心得与体验,因而更需要研究者具有独特的勾连贯串功力。如此丰富的素材,很难将其完全融入既定的规范论文框架之内。此种情况下,生活史研究除了规范的学术论文,还可以研究手记、纪录影像、历史文学、回顾反思等多种方式呈现,这样也有助于切近"意义"和"意思"兼具的研究,将研究成果传达给不同的读者群体。在此过程中,也将生活史研究与公众史学、影视史学等相互融合,一举多得。

三、生活史研究的挑战与突破

(一) 史料的匮乏问题

毋庸讳言,日渐繁兴的生活史研究背后,也存在着诸多挑战,乃至面临批评与质疑。日常生活史研究的根本挑战之一,即为史料的相对匮乏和难寻。虽然,"近代史学只是史料学"的论述,未必能被史家普遍接受;但即便在视史料为"文本"、史学无异"文学"的后现代史家那里,大概也不能否认史料本身的价值,所不同者主要在于看待和处理史料的方式。传统史学之重视上层精英、军国大政、经济要法,除了历史观的因素,很大程度上还是史料的规限和导引所致。如连玲玲曾指出日常生活史研

---

① 庄孔韶.银翅:中国的地方社会与文化变迁[M].北京:生活·读书·新知三联书店,2016:468.

究的两个努力方向:一是挖掘更多的由市井小民自己所生产的史料,二是留意史料生产的权力关系。① 今日展开日常生活史的探究,或许可以再从以下几个方面,尝试应对此种挑战。

一为夯实基础。此处所指,乃解读史料的绵密功夫,历史研究之不二法门。不少成功的生活史研究作品,所用亦非稀见材料,关键是能细密解读、勾连贯串,并析微见著。有此功夫,生活史研究庶几可免"热闹有余而厚重不足"的质疑和讥诮。二为放宽视野。从事日常生活史之探究,除了传统档案、正史、典章、方志、文集等,举凡笔记、小说、戏曲、传奇、善书、宝卷、歌谣、碑铭、画像、雕塑、文物、视听材料等,无不可为其用,从这些材料中更能见到鲜活生动的生活史。甚至更进一步,可以结合口述访谈及田野考察之法,回归其真实生活场景之中,更能深刻理解其文化迁移中的变与不变。同时,史家研究历史,实际也是为了让自己更能理解和珍视日常的生活。三为善用新法。处此技术革新时代,新兴史料被大量发掘、整理、出版,不少还被电子化,获取便利程度比以往大大提高。其中之多数,乃传统史学视野下不甚重视乃至完全摈弃的材料,若能在前两个方面的基础之上,善用科技利器,对于应对生活史研究的史料挑战,开拓和深化研究,将裨益不少。近年关涉民众日常生活史的材料较多刊布,而且现实的生活本身也在不断产生新的材料,更为关键的是,只有"史学眼光改变了,才会从这些史料看到意义"。② 史观与史料之间,存在密切的互动与互塑关系。

(二) 研究案例的代表性问题

不仅是生活史研究,几乎所有的人文社科研究者,经常需要回应无所逃遁的质问:研究对象、案例及样本的"代表性"何在? 这类问题,可能

---

① 连玲玲.典范抑或危机?"日常生活"在中国近代史研究的应用及其问题[J].新史学(台北),2006(04):280—281.
② 王汎森.天才为何成群地来[M].北京:社会科学文献出版社,2019:37.

来自专业同行的追逼,可能来自外行人士的质疑,还有可能是研究者自身的反思。首先应当承认,这是至关重要的问题。对于其中问题的思考和答复,有助于研究者不断调整研究的选题范围、资料视野和论析程度,使其达到并非完美但可以接纳的平衡。如果更进一步,超越于研究对象本身,还应看到此一质问的背后,蕴含着更多层次的复杂问题。对于这些问题的理解,有助于增进研究的深度,进而探寻回应诸种质疑的路径。

首先,追问不宜止于"有无代表性"或"代表性何在"这一层次,还应进一步反思:一项研究需要代表谁、可能代表谁?进而调整出合适的立论基础和分析框架。而且由此还能延伸认识,虽然所有研究对象都是某种层级的案例,但也都不只是孤立的案例而已。由"案"成"例",需要研究者的自觉组织和深度加工。

其次,超越于研究对象的代表性,还应进一步思考其中诠释框架的"双刃剑"问题。若要一项案例研究或微观研究不致成为缺乏逻辑与意义的细碎记录,研究者时常需要建立并依赖于"诠释框架"(interpretative framework),而此种诠释框架经常是"探索性的"(exploratory)。问题在于,变动不居的诸种框架及其历史语境,也可能反过来挑战对于研究意义的既定诠释。① 其中的隐微张力,学者不可不察。

最后,关于案例"代表性"的问题,与其说是追问研究对象,不如说更多的是催督研究者本身。案例研究看似处理的是狭窄领域的细微问题,但学术研究与写作的基本原理就是:没有博通基础,难为专精之学。因此,需要研究者建立起广博的学术基础和良好的分析能力,这样才有可能寓通于专,呈现出微观案例的代表意义。

明晰上述原理,再回头去看寻常关于"代表性"的质问,就会发现其中经常充满"五十步笑百步"式的见与不见。实际研究中,每个研究者际

---

① Birgit Lang, et al. A history of the case study: Sexology, psychoanalysis, literature[M]. Manchester: Manchester University Press, 2017: 16.

遇不同,每项研究条件各异,真正需要思考的是如何在既有条件之下,最大限度地呈现研究选题的意涵与意义。因此,关于"代表性"的问题诚然重要,但若简单拘泥于此,不仅于事无补,反而可能障碍学者深入探究。

(三)整体意义的缺失问题

日常生活史研究面临的另一个重要质疑和挑战,为研究"碎片化"及与之关联的"整体意义"缺失问题。在这方面,自然不能一味援引后现代之抵拒整体、连续、权威、意义及宏大叙事,而不加省察。当年梁启超论旧史"能铺叙而不能别裁"之弊,即引斯宾塞"邻猫产子"之说,讥刺历史书写内容之无关宏旨;① 当代史家举例历史研究选题之意义,也有批评如研究古代女性裹脚布长度之无谓。实则,研究主题与对象本身并非决定研究意义的关键,关键在于研究者自己切入主题的角度、解析问题的深度以及延伸讨论的广度。王笛则谓,"如果我们有利用'显微镜'解剖对象的本领,有贴近底层的心态和毅力,就可以从那些表面看来'无意义'的对象中,发现历史和文化的有意义的内涵"。② 就以上述两种讥刺而言,同是关于"猫"的主题,在达恩顿笔下即有《屠猫狂欢:法国文化史钩沉》这一文化史名篇;③ 同是关于缠足,在高彦颐笔下即有《缠足:"金莲崇拜"盛极而衰的演变》等性别史经典。④ 或者可以说,能从看似琐屑日常的生活史研究中,得见文化影响之深远与遍在,更是生活史研究的重要旨趣,也是衡量生活史家功力的重要标准。

早期"新史学"的倡行者鲁滨孙在百年以前的论析,今日犹有意义:"历史学不应被当成一门静止不变的学科,只有靠改善其方法和积累、鉴

---

① 梁启超.中国历史研究法 中国历史研究法补编[M].北京:中华书局,2015:184.
② 王笛.茶馆:成都的公共生活和微观世界,1900—1950[M].北京:社会科学文献出版社,2010:中文版序 14—15.
③ [美]罗伯特·达恩顿.屠猫狂欢:法国文化史钩沉[M].吕健忠,译.北京:商务印书馆,2014.
④ [美]高彦颐.缠足:"金莲崇拜"盛极而衰的演变[M].苗延威,译.南京:江苏人民出版社,2009.

定和吸收新的材料,才能取得进展。"①在生活史研究中,尤其需要时时提起这种观念。更为关键的是,日常生活史研究不能只是"在旧报纸杂志堆里寻找人们茶余饭后的闲谈",不厌其烦地描述细节而不能说明其意义,而是应当将其作为"帮助我们提问的分析工具",这样才有可能建立一种"新的研究典范"。② 由此,还有助于将传统范式下追求的"大写历史"和文化与生活史视野下的"小写历史"互通互补。简而言之,对于生活史研究,莫先责其主题不够宏大,只恐其功夫尚未到家;若火候已到,"意义"与"意思"自在其中。

即就中国教育史研究而言,李弘祺指出,"中国教育史一个重要的一环便是学习、研究民间的生活史,看他们如何塑造了中国老百姓的人格"。③ 其中所见不仅为细碎的生活片段,更在于反思和揭示此种生活之所由来,以及此种生活之后续影响。因此,在其所著的《学以为己:传统中国的教育》一书中,全力论述传统中国"学以为己"的理想内涵与流变,以及如何在帝制后期内外交征的环境与实践中,塑造出中国乃至东亚社会特殊而长远的"权威人格"。④ 日常生活史研究的意义,首先在于"日常",由此而得见一个群体较有代表性的常态与常貌,进而从中得见其不变的内容与意涵;其次还在于"生活",文化即生活方式,透过生活所见的"文化",更具在地性和穿透力,有助于将文化的"大传统"和"小传统"更好地关联理解。

关于学术写作,前辈史家曾以"文史哲"的意涵,引申论及史学论著的撰写,指出:"'哲'就是科学理论,用来指导我们正确解读史料和建构史实,得出科学的结论。'史'就是翔实史料,用来作为我们分析问题,得

---

① [美] 詹姆斯·哈威·鲁滨孙.新史学[M].齐思和,等,译.北京:商务印书馆,2012:20.
② 连玲玲.典范抑或危机?"日常生活"在中国近代史研究的应用及其问题[J].新史学(台北),2006(04):278—279.
③ 李弘祺.中国教育史英文著作评介[C].台北:台湾大学出版中心,2005:导论1.
④ 李弘祺.学以为己:传统中国的教育[M].上海:华东师范大学出版社,2017.

出结论的依据。'文'就是优美文笔,撰写史学论著时讲究文采,则能传之久远。"①其中境界,值得体味和追寻。在一场针对案例研究的学术研讨中,本人以譬喻形式谈及案例研究的历程与意义,曾有如下言说。生活史研究多以案例形式展开,两者内在互通,本章亦引此作结。理想的生活史研究与写作,其历程与意义应当如是:

> 拥有开放而敏锐心灵的你,在某个秋日的雨后,漫步在黄叶飘飞的林间小径上。你停下来,俯身拾起其中一片,端详它的脉络,体味它的芬芳。然后,你上下求索、驰骋想象,了解到它的品类、特征与习性。不止于此,你还弄清了它是从哪棵树上凋落的,这棵树曾长在怎样的环境;更进一步,你甚至看到,谁曾在它的树荫下欢笑或哭泣,赞叹它的芳华,哀叹它的凋零。最后,你再把目光移向这片黄叶,一切释然;并用优雅而不失谨严的笔法,写下这番所见所思,让读者在慨叹韶华易逝之余,内心油然具足"生之美好"的觉醒;乃至可能令百千年后读此文字者,依然心有戚戚……②

---

① 严昌洪.中国近代史史料学[M].北京:北京大学出版社,2011:前言1.
② 李林.察微何以知著——历史学视野下"案例"的限度与价值[R].第七届全国教育实证研究论坛,华东师范大学,2021-11-30.

第五章
案例自述

为了辅助教学探讨，增进切身理解，本人选出自己过往研究之中，出于不同机缘、针对不同对象的三项研究，稍作案例自述。下述学步习作，更多是尝试思考选题写作如何可能从微观通向宏观。当然，这些研究也都受到生活史研究视野的启发。此种类似写作教学中的"下水作文"，基于亲身经历具体道出其中的所得与局限，并以"自我叙事"的方式探讨关注叙事的生活史研究，从而尝试将隐藏在写作背后的细微思考和拓展素材加以呈现。讲述之前，也需要如实坦诚和提示：出于叙事的结构与理解的逻辑需要，下述研究案例自述均经过了结构化的加工，研究过程中的"未定"与"混沌"状态、困难与挫败经历无法完全呈现，因此不可避免地包含了不少"整齐的后见"。对于每个案例，本人均从选题缘起及研究旨趣、史料视野及书写结构、核心论见及延伸思考三个方面，逐层展开。

一、末代"天子门生"的际遇与转型①

（一）选题缘起及研究旨趣

本研究的最初雏形为本人在硕士阶段的学位论文，因此是一项依照计划进行的研究，当然后期进行了诸多的增订修改，成为专书。得题缘于对清末新政关涉教育方面文献的阅读，更为直接地触发本人探索兴趣的，则是常见的规范"癸卯学制系统图"中，孤悬于主系

---

① 案例作品为李林.最后的天子门生：晚清进士馆及其进士群体研究[M].北京：商务印书馆，2017.

之外、性质特殊的"进士馆"。

制度与人事的关联互动,是历史研究中需要侧重关注的议题。鉴于此,本研究尝试将制度研究与人物研究进行结合,制度研究考其设计、运作及流变,人物研究则兼顾群体及个体,以期从制度史中得见生命史。具体而言,在制度研究方面,先辨析晚清革废科举、改试西学的制度设计与运作得失,以为铺垫,而后厘清进士馆从筹设到改组的诸多关键细节,再及于进士留学、归国考选及授职迁转的制度鼎革及其意涵。人物研究则兼顾群体及个体,通过详考光绪癸卯(1903年)、甲辰(1904年)两榜进士在清末至民国期间的活动与经历,探讨近代中国巨变对传统文化精英群体的冲击,以及该群体如何因应并影响此种变革。因为科举制度在1905年被宣告停废,进士馆也在1907年改制停办,因此这一群体允称中国选士史上"最后的天子门生",此即成书时的题名由来。

从选题对象来看,本研究并非典型的生活史研究,因为此处聚焦的对象是知识精英而非市井民众,考察语境主要是晚清变局而非尽属生活日常。不过,基于生活史的研究取径,还是在本人撰写和修订书稿中,至少提供了如下三个方面的助益和启示。其一,关注作为"常人"的精英的生活面相。"天子门生"在考选授官的意义上,自然可以归入精英;不过除了考察他们的专业表现和职业成就,本研究也在史料允许范围之内,拓展关注他们作为"常人"的家庭伦常和哀乐情感。其二,重新思考剧变和日常之间的关系。史家从"大事纪"的宏观视角,重新回视历史,很多时候是以年以月为时间单元,而历史人物在亲历其事时,无论置身于何种洪流巨变中,其生活总是以日为基本单元慢慢度过的,而且他们确实不知"明天到底会发生什么"。明白其中的时间单元落差,更有助于理解这些知识精英在面对诸如科举改制、出洋游学、辛亥鼎革等巨变时的心境与行动。其三,叙事写作手法的融入。虽然其中需要处理较多制度议题,未能将叙事写作贯彻全篇,不过涉及人物及事件之处,皆有意识地融入叙事方法。

基于上述研究对象及研究视角,本研究除了在史实层面上厘清其中的诸多议题,还尝试拓展触及以下四层较为宏观的问题,以期见微知著。其一是关涉科举、教育考试与社会流动的议题,及其在末代进士群体身上的具体体现;其二是传统科举功名及近代学堂文凭(经历),作为社会学意义上的稀缺"符号资本"(symbolic capital),各自的具体功效及相互衔接问题;其三是末代进士群体所折射出的清末民初的政治、文化转型,以及政治认同与文化认同之间的分合;其四是借鉴史家张灏之见,①关注此一经历"转型时代"的转型群体,其"意义世界"(universe of meaning)的维系问题。

(二) 史料视野及书写结构

由于研究对象属于精英群体,制度变革亦属高层决策,因此史料搜集线索整体较为明晰。本研究所采用者,主要有以下五类史料。一为北京中国第一历史档案馆及台北"故宫博物院"所藏清宫档案,以及已刊诸如《京师大学堂档案选编》《北京大学史料》等档案史料;二为关涉清代典制的基本史籍,如《清实录》《清史稿》,以及《进士馆章程》《进士馆条规》(所见孤本)等;三为所涉两榜进士的各类题名录及考卷,以及清代职官名册《缙绅录》及《民国职官年表》等;四为各家日记、文集、信札、小说等私人记述,从中可见人物生活及心态;五为关涉进士留学的日文资料,包括其规章、名录、讲义、考题等。各类资料性质不同,参互为用。至于搜采史料的形式与经历,有现场踏访拍摄者,有自图书档案机构藏品爬梳而得者,有自网络平台购得者,有请域外师友代为拍摄复制者,更有冒昧写信而求得援助者,不一而足。此种经历与记录,本身又成为研究者的一种"生活史料",有助于加深对于史料产生和流传的理解。

---

① [美] 张灏.危机中的中国知识分子:寻求秩序与意义[M].高力克,王跃,译.北京:新星出版社,2006.

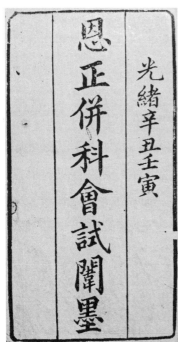

图 5-1　史事与史料的远程交互与关联（其一）

图注：

上左：光绪癸卯科（1903年）会试闱墨；上右：光绪癸卯科（1903年）进士题名碑拓本；下图：初由癸卯、甲辰进士建立并主持的香港大学文学院师生合影（1930年）

在谋篇布局方面,本研究整体上以时代为叙事顺序,但具体呈现则表现为专题形式。正文主体共六章,第一章"进士、经史与西学",考察清末科举改制及士子反应,以及光绪癸卯、甲辰两科会试、殿试,及其所录进士群体总况。第二章"从庶常馆到进士馆",在晚清议开官智、变革铨法的背景下,考察仕学院—仕学馆—进士馆的创设及其关联。第三章"官立、官办与官读",详细考察进士馆的开设、生源及庶务管理,馆中课程、教学及师资分析,毕业考试及授职分析,及其停办与改组。第四章"天子门生的留学教育",将视角由国内转向东瀛,考察以日本法政大学为中心的进士留日情形。第五章"新学、新政与新业",探讨进士馆学员归国考试及癸卯、甲辰进士晚清的经历与分化。第六章"民国、'敌国'与故国",考察辛亥革命之后癸卯、甲辰进士的流动与分化,及其影响与归宿。通过此种设计,力图为研究"案例"探索合适的写作"体例"。

在资料处理方面,本研究的基本方法为档案史料的细致梳理与解读。在宏观层面,采取比较研究之视角,考察制度变革前后境况时尤其如此。于细节之处,虽以文献解析与质性分析为主,必要时亦结合统计分析,以期精密准确。制度分析之外,亦尝试对人物行为及心理稍加解析。此外,考察进士群体之分布、流动、授职及出处等议题,亦尝试将群体生平学(prosopography)与个体生命史的研究相互结合。具体写作中,在必要之处尝试综合各类史料信息,组织叙事,再现历史场景的画面感。比如,第四章"小引"部分,描写浙江进士沈钧儒赴日游学:

> 1905年10月14日,黄浦江码头浪静风平。清廷的停科诏令已于一个多月前正式颁发,各项改革也正如火如荼地进行,给古老帝国增添了新的气象。是日夜晚七点,由上海开往日本神户的德国客轮照例开始检票登船。客轮三等舱中,一位中等身材、清癯儒雅的书生正忙于寻找座位,因为言语不通,颇显局促困窘。坐定后,客轮

载着他的困惑与希望,在夜色和朦雾中驶入茫茫东海。四日后船抵神户,他换乘火车前往东京,沿途所见明治日本的维新气象,令初出国门的他既感新奇,又慨叹不已。稍事安顿休整,他前往法政大学报名,开始了在异邦的全新学习生活。

(三) 核心论见及延伸思考

进士群体作为科举时代考获最高功名的"天子门生",其所得恩荣与地位举世称羡,该群体实际既为朝政人才的主要来源,亦为传统学术与文化的精英代表。晚清中国值数千年未有之巨变,展开新政改革,其间事务纷繁,需才孔亟。传统进士之所学所能,益显捉襟见肘。"新瓶旧酒式"的科制改革未能臻效,而晚清政府无论从笼络人心,还是稳定时局,抑或重拾权威的角度考量,都不能将进士这一拥有正途最高出身的精英群体弃之不用,但也不可依样照单全收。因此,清廷特在京师大学堂系统之中设进士馆,详定章程,延聘名师,且新科进士免费入馆、厚以廪饩,俾其以速成路径,掌握近代法律、政治、经济、外交知识,以佐新政。在具体操作上,则力图将传统翰林院的"学馆"与新建大学堂的"学馆"衔接,将传统的人才"分科"具体化为近代的课程"分科",并将传统资政的"经邦济世"之学与近代西学中"法政经济"学科相糅合。同时,也希望通过切实管课,整顿嘉道以降翰林院庶常馆学业涣散、有名无实的弊情,令新科进士勉力学问。不过,晚清政府与官员群体之间对"开官智"问题存在根本分歧。清廷所关注者,在政治的稳定、新政的展开、国祚的延续,因此不惜耗费人力物力,多方创造条件以开其官员群体之智。官员群体摇曳于"学"与"仕"之间,其多数所在意者不在自身知识水平及行政能力对整体政局的影响,而在一己之政治前途。双方对此各怀异志,削弱了进士馆的教学成效。

进士馆之设,乃废科兴学之际,人才选拔和培养体制的改革和过渡举措,乃以学堂速成教育训练科举已成之才的具体尝试。进士馆的设立,标志着进士教育的重要转型——从研习经史辞章的翰林院庶常馆系统,过渡到接受法政经济教育的大学堂进士馆系统。从法制史角度而言,以"开官智"为目标的进士速成教育,也拉开了近代中国系统法政教育的帷幕。而后科举立停,进士馆亦因之停办。进士群体负笈东渡,遂成中国选官史及留学史上的空前盛举——政府将已获最高功名的文化精英、官员群体的继续教育委诸日本,冀望邻邦成为改革强国之津梁。作为科举正途遴选的"天子门生",他们被寄望食君之禄、忠君之事;作为庞大官僚体制内的一环,他们整体也倾向维系既有体制的存续。当然,其间时势也在不断发生变化。进士馆派出留学人员,兼有官员和留学生双重身份。其外出留洋,不免受革命思想熏习。但是,他们大多也尽量维护现有秩序,因为他们本是旧有体制的受益者。必至最终立宪无望,部分影响甚大的"天子门生"终于站到了天子对面,转而同情乃至支持革命,共同助成清朝终结。此种"种瓜得豆"的结局,确非改革之初所能逆料和乐见。当然,如果跨越新政十年及清廷成败的论域,则可发现晚清改革对近代中国转向与国家建构的重要意涵。

帝制终结,民国肇建。尽管旧朝已没,政体已新,但末代进士作为天子门生的"出身资本",前清任职的"阅历资本",加上新旧教育皆备的"教育资本",让其中善于因应者成功过渡,从天子门生变为民国精英。进士群体在传统中国的"成功阶梯"上,已经登顶;进士馆教育和留学经历,又给了他们新的阶梯。部分进士成功连接两条阶梯,进入民国后不仅能保持原有地位,甚至在社会纵向流动中继续上升。此途之外,亦有部分进士选择继续忠于清室,不仕民国,乃至为"复辟"奔走;或有进士投身新闻、法律、教育、金融、实业等行业,发挥其所长;又或乡居著述,教学育人,募化劝善。凡此种种,不一而足。乃至直到一九四九年中华人民共和国成立,仍有部分健在进士继续出仕,或以其他方式发挥余热。清末以降,由于传统四民社会解体,新的社会职业、分层出现,进士群体亦参与其中。其横向流动范围不断扩大,癸甲进士足迹远届港台、南洋、日本、欧美;在职业分化及地域流动方面,已迥异于依赖入仕一途、主要依托故土的传统士大夫;在社会角色方面,癸甲进士既部分延续传统精英统合与服务乡土的职能,又在新的公共空间及公共事务中发挥新的影响。在此时代巨变中,传统文化精英无论选择如何出处,都既需要努力应对难称完满的现实世界,同时又要尽力维系日渐失落的"意义世界"。传统中国的近代转向,需要解决的不仅是现实世界内物质层面与制度层面的建构问题,还有影响更加深远的"意义世界"重建问题。

以上所述,即是本人从"癸卯学制系统图"中通常不会引起特别关注的"进士馆"出发,在过往多年之中尝试察微知著的部分所得。

二、民国"学校市"的实践与得失①

(一) 选题缘起及研究旨趣

对于近代师生的学校生活,本人近年关注较多。不过此项研究并非出于既定计划,而是在实践现场得到灵感。事缘本人兼为教育部人文社科基地基础教育改革与发展研究所研究员,曾往苏州太仓市实验小学开展现场教研交流。在参观该校校史墙时,其中以石刻呈现的"学校市(大同市)组织形式及各部机构名称",本人既觉得新奇,也因无知而感惭愧,因此逐步展开探索。在检阅史料的过程中,竟有诸多意料之外的重要发现,比如以下这道奇特的学校"公文":

> 为饬令事。查学校清洁,关系全体员生卫生,至重且大。本校

---

① 案例作品为李林.学校市:民国时期一种"学生自治"的实践及得失[J].近代史研究,2020(03):149—159.限于版面篇幅,正式发表部分约为撰稿篇幅之半数,此处主要依据原稿,并拓展补述其中的部分思考。

学生众多，居处湫隘。现查各宿舍房间，每有不知清洁之学生，堆积垢秽之物于房内。当此春季，气候潮湿，垢秽之物件转瞬酝酿成微菌，散布空中，其害更可胜言！更查校内各地，如消费社内及其附近，擷捶蔗皮满地，苍蝇凝集；各处大小便所，恶味熏人，更属可怖。本校为全体员生负安全起见，定于本月廿五日（星期五）举行全校清洁大运动，仰该市政府即饬行政院、卫生局、公安局职员，认真计划，协助清洁大运动之进行。并令行全体市民，举行大扫除，务将校舍内各地点、各宿舍及各个人身上一切垢物清除，以重卫生而图安全为要。此令。①

直白地说，这就是有关全校大扫除的一则通知。不过，这道由广东省台山县立中学训育处发布的"市字第二号训令"，在行文体式及辞令语气上均如规范公文，郑重其事。不禁令人追问：寻常县立中学，何来如此"权威"？区区清洁运动，何故行文如此？"公文"所提各类政府机构及"市民"之称，所由何来？基于前期阅读及思考，遂将探索要点聚焦于以下几层：一是"学校市"（school city）这一语汇的意涵源流，二是学校市这一学生自治组织的建立宗旨及运作形式，三是围绕学校市的改革运动在中美两国的历程与反省。

（二）史料视野及书写结构

探寻和发现新的材料及其相互关联，因此而不断拓展考察视野、增进论析深度，诚为学术研究中的一大乐趣。如上所述，此项研究的出发起点，是江苏太仓一所小学的校史石碑。对于其中似熟实生的"学校市"一词，本人起初的探索路径是查询今日主要的教育辞书，比如《教育大辞典》《中国教育大百科全书》以及《大辞海·教育卷》，并无所获；于

---

① 校务概要[J].台中半月刊,1930(22):38.

是转向更加早期的辞书,如 1908 年日本出版的《教育大辞书》、1928 年中华书局出版的《中国教育辞典》、1930 年商务印书馆出版的《教育大辞书》乃至 1936 年《辞海》初版等,竟然皆收此条,足见此一"历史名词"代表的实践活动曾经的广泛影响。此番对于教育辞书的检索阅读,更进一步加深了本人对于权威辞书作为"规范知识"合集的生产及影响的理解,因此而拓展撰写有关民国教育辞书的专文,[①]并由此而启发其他新的写作选题。

规范辞书收录某一词条,说明其所指涉的现象已有相当影响,值得特别书写,因此乃是一种结果性质的呈现,还需进一步追溯其源头。经过多番按图索骥的搜寻,再将史料整理及分析范围向前推进至 19 世纪末 20 世纪初的美国,并与彼时的进步主义教育运动、学生自治、儿童中心论等诸种关键背景关联。其中所见"学校市"制度创始人威尔逊·基尔(Wilson Gill)的系列论著,以及当时美国的教育报刊对于此种制度的报道与评议,实质增进了对于此种制度旨趣及形式的理解。由此转而关注中国语境,则民国时期的教育法令、教育论著、诸种报刊(包括学校校刊)提供了该制度在中国运作的翔实资料。此外,另有几类资料,更能得见参与学校生活的师生之经验与感受,比如教科书、日记、参观考察记录、讲稿、小说等。在史料搜集整理过程中,近年晚清民国书刊资料的电子化助益甚多。当然也由此而引起本人不断思考:面对体量不断增大、检索越益便利的各类数据库,学者如何提出并因其助益而解决有价值的学术问题? 第六章教学叙事中的案例与思考,部分正是在此种探索的延长线上展开的。

---

① 李林.学科知识的体系化与本土化:民国时期教育学科关联辞书编纂论析[A].肖朗,张学强.教育史学百年求索——教育史学科的路径与走向[C].杭州:浙江大学出版社,2022:373—391.

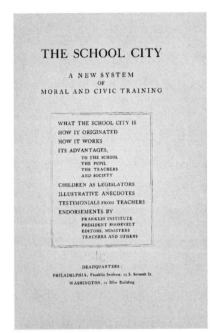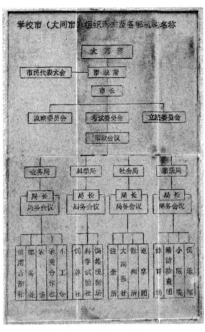

图 5-2 史事与史料的远程交互与关联（其二）

图注：

上左：美国"全国学校市联盟"出版的介绍资料（1905 年）；上右：今日太仓市实验小学关于既往学校市架构的校史石碑；下图：20 世纪初美国纽约学生进行学校市实践的"中级法庭"聆讯现场

由此而论谋篇结构,正文分为四个小节,仍以专题展开,兼顾时间因素。第一小节为"由美到中:学校市的起源、旨趣及引入",详细探讨"学校市"的概念意涵,威尔逊·基尔在美国创发推动该制度的背景与旨趣,及其在实践中得到的肯定与褒奖(包括时任总统西奥多·罗斯福的赞许),该制度在美国受到的批评与兴衰,及其传入中国的背景与途径。第二小节为"政治拟构:学校市在中国的组织架构及实际运作",具体探究基于美国"三权分立"的制度设计,落实到民国"五权宪法"的架构设想之下,学校市的具体实践及其所影响的师生关系和学校生活。第三小节为"知识氛围:民国书刊对学校市的研究与呈现",分别考察教育家论著及其演说、教育辞书、教科书、教育报刊等不同载体对于学校市的呈现和书写,论析其中塑造的知识氛围及其影响。第四小节为"自治、他治与'党治':学校市在中国的困境与淡出",主要探讨此种学生自治的制度设计,在中国所面临的诸如指导不足、助长特权、党化控制、规训惩罚等问题,以及由于战争及时局变化而在中国逐渐淡出的过程。

(三) 核心论见及延伸思考

本研究所探究的学校市,顾名思义,即以学校为城市,以校园生活模拟市政事务,以全体学生为市民,进行"三权分立"的社会化演练,以此训练儿童自治,开展公民教育。该制度于19世纪末20世纪初在美国多地公立学校推行,影响甚大,也引致不少争议和批评。1919年前后,学校市制度被引入中国,并借助1922年新学制的颁行及其对公民教育的倡导,于20世纪二三十年代在全国多省市中小学校推行。其间,社会各界合力塑造出学校市非常必要而且有效的"知识氛围",助力该制度的推广。然而,制度实践对制度设计的偏离,以及此种学校内"政治拟构"与"学校社会化"本旨的差异,加之以"宪政"为蓝本的设计行诸自"军政"而"训政"期间遭遇的困境,也让学校市的组织架构及精神内涵不断发生曲变,终在20世纪30年代中期以后淡出学校场域。作为一种特殊的改革运动,学校市制度的实践留下了诸多经验与教训,值得认真检视和省思。

考察此番由美到中的舶来学校改革运动,至少可以在以下几个层面引发我们继续思考和探究。首先是近代教育民主化及公民教育的重要趋向。应该看到,民国时期通过学校市等实践,在这方面展开了较大尺度的尝试,在局部地方也收到了正面效果,值得肯定。不过,学校市在中国的实践困境及其最终淡出,仍然促使我们不断反思以下问题。其一,引进国外教育改革经验时,对于其中的负面问题有意无意地"屏蔽"或"弱化",以致出现时人所批评的教育改革"莫名其妙地向前跑"的问题。其二,学校改革中"拟构世界"和现实世界之间的落差问题,往往导致过早、过高地要求儿童去做成人世界尚不能实现之事;而且儿童习得此番经验之后,又多无奈地发现:现实并不如此。其三,关于"学校"这一组织的本质,以及学校教育应有的专业性和选择性问题,关涉"学校社会化"的边界与限度。此外,还有一个更为沉重的问题:将一种"政治拟构"嵌入学校,并试图全面笼罩学生的校园生活,其适切性何在?这些关键问题,需要为学生"设计未来"的教育管理者和实践者加以严肃的思考。

以上所述,就是本人从在太仓市实验小学偶然见到的那块校史石碑出发,尝试展开的一些初步探究和思考。

三、近代"教员肺痨"的意涵及应对[①]

(一)选题缘起及研究旨趣

本人近年留心于近代学校师生的生活史,这也还是较为细碎而宽泛的学术领域。真正触发本人开始探究此一问题的机缘,则是在上述研究过程中,对于近代教育辞书的阅读与研究,以及由此发现的日本和中国出版的《教育大辞书》中均收录了"教员肺痨/教员肺结核"这一特殊词

---

① 案例作品为李林.教员肺痨:一种近代"职业病症"的意涵及应对探微[J].史林,2022(05):91—107+220.

条。当然,最近几年在持续的写作和修改过程中,亲历和见证疫情蔓延的种种现象,也实质加深了理解人类应对大规模传染疾病的机制与限度。学术探究与现实关怀互动,最终促成了这则小文。

这项研究受到概念史及医疗文化史影响较多。本人尝试从细处入手、大处着眼,先从探寻"教员肺痨/教员肺结核"这一特殊"病名"语汇切入,考察概念的生发背景及其归因意涵,以及其中折射的医疗、教育及社会问题。至于其中拓展关涉的议题,既有19世纪至20世纪人类对于结核病认识和防治的科学进展,又有近代中国公共卫生和公众教育的改进问题,兼及近代学校建立、班级授课制普及的条件下,由于黑板和粉笔的使用所引致的教师健康隐患,以及相关公共政策的在场与缺位等议题。此外,也尝试通过分析该"病名"从无到有、又从有到无的变迁,基于病菌长期存在的事实,省思人类应对传染疾病的成效及挑战。

(二)史料视野及书写结构

如上所述,探究此一议题的认识起点暨史料来源,为中日两国《教育大辞书》中有关"教员肺结核"的专门词条。实际上,中文辞书的内容基本编译自日文辞书,两者解析教员肺结核问题在日本之由来,并且详列统计20世纪初年日本教师罹患肺结核的数据,揭示肺结核作为教师"职业病"的严峻问题,之后进一步分析其原因,讨论其预防方法。据此,可以得知当时教员肺结核问题的严峻,以及探究中日、东西之间关于肺结核的认知及应对进展。辞书内容提供了基本指引,但信息来源较为单一,因此拓展发掘运用了多种史料。首先是民国时期的中英文报纸、期刊、教科书及教育、卫生著作,包括专门的《防痨杂志》,此类资料对于教师及学生肺痨问题有着较为翔实的报道和讨论;其次是上海市档案馆所藏民国时期有关医疗卫生及防痨事业的档案,从中可见政府政策以及部分患痨教员的具体病例;此外,尚有今人编纂的部分防痨史料、专门的医学辞典等;乃至引及少数文学作品,比如鲁迅的《药》、丁玲的《莎菲女士的日记》等。

除了上述史料,另外拓展运用了三类关涉国外的资料:一是日本明治、大正时期有关肺结核的医疗卫生著作,以及今日"国立公文书馆"典藏的少数官方档案,以期稍微明晰同期日本的情形;二是以英文出版的针对近现代欧美肺结核问题的学术研究,由此不仅可以拓展认知该种疾病在欧美社会及文化中的演变,还能从中吸取其研究理论及视野之适于我用者;三是针对全球肺结核预防、治疗和统计的专业医学研究,包括

图 5-3　史事与史料的远程交互与关联(其三)

图注:

上左:1930 年商务印书馆《教育大辞书》有关"教员之肺痨病"词条;上右:知名药品"威廉士医生红色补丸"广告海报;下图:世界卫生组织关于 2030 年终结结核病的目标行动宣传画

《科学》《自然》《柳叶刀》等科学期刊及其子刊的新近研究成果,以及世界卫生组织(WHO)关于全球肺结核的年度专报等,以此保障文中所论关涉肺结核的专业问题更新而准确,并且能将研究放在全球形势及人类医学进展的前沿加以审视。总体来说,在发掘利用资料的类型及难度方面,撰写此文给本人带来了前所未有的挑战,在解读和综合运用过程中也有较多收获。

本项研究仍然采取专题结构来写作,正文依次探讨教员肺痨的概念史、医疗文化史及公共卫生史。引言先从"古老的病菌、近代的病名"说起,讲明结核此一"历久弥新"的疾病对于人类健康及社会文化的长期影响,以及近代学校结核问题的研究意涵。第一小节为"语词内外:病名、病理及其归因之意涵",依次探究 Phthisis、痨瘵与结核等概念在古今、中西不同语境中的内涵,而后转入"教员肺痨"议题,探讨此一"病名"对于近代学校卫生问题的披露,以及时人的病理归因逻辑及其意涵。第二小节为"对症与对病:调养、预防及治疗方式之变迁",先从东西社会早期赋予结核病的诸种想象说起,论及近代卫生、营养及辅助疗法的作用与局限,结核疫苗(BCG)、抗生素特效药的研发对于结核防治的影响,以及此种变局在教员肺痨防治问题上的不统一、非均质展现。第三小节为"己之病与群之患:国家、社会及个体之关联",考察中国在近代学校结核防控中政府的在场与缺位问题,社会力量对于结核防治资源、舆论及公共认知的重塑,并且关注作为病患的个体经验与公共关怀之间的离合。结语为"消失的病名、长存的病菌",通过对照检视民国辞书及今日辞书对于有关词条的不同处理,结合今日结核防控现状,包括疫情的可能影响,在历史长程视野中省察人类与"病菌"的互搏与依存关系。

(三) 核心论见及延伸思考

人类文明的演进史,也是一部人类与"病菌"互搏的历史。如果历数曾经深刻形塑人类健康历史和社会文化的疾病，结核可算是其中历久而"弥新"的重要一员。近代无论是在欧美诸国，还是在东亚的日本和中国，学校教师罹患肺部结核的问题都曾相当严峻。不过，"教员肺痨／教员肺结核"并非临床医学意义上的规范病名，也没有被政府公文和社会保障法令正式认定为"职业疾病"，尽管在学术研究、辞书编纂及新闻出版之中，确实常将肺结核称作教师的"职业病"。"教员肺痨"语汇和观念的产生与传播，描绘出结核此一普遍疾病在特定群体身上的典型"病症"，揭示其中可能引致的公共卫生隐患及国族生存问题，引起社会及政府的重视，并合力应对。推展而言，一种病症名称的产生和使用，除了与医疗卫生进展密切关联，还关涉公共卫生政策的导向，以及特定文化传统对该疾病的认知和归类。在20世纪，人类通过研制疫苗、发明新药、改进公共卫生等举措，在结核病的防治上取得了重大突破；学校之中也通过加强卫生教育、改善卫生条件、研发无尘粉笔，乃至以白板／电子白板取代传统黑板，使得"教书＝吃粉笔灰＝易感肺病"这一刻板印象逐渐成为历史。由此，"教员肺痨／教员肺结核"成为"历史名词"，由此可以管见近代以来医疗卫生及社会事业进展的成绩。

  当然，专门针对教师职业的肺结核"病名"消失，并不意味着病原细菌消亡，更不意味着教师对此已经"自动免疫"。在人类漫长的医疗史上，社会身份不会自动成为疾病"免疫"的标识，何况是对于教师这个不占"优势地位"的职业群体。病名标签或会改变，病菌则至今仍存。在本研究考察的多数时间里，针对结核病的特效药物尚未出现，因此不仅是普通的学校教师，就连不少达官显贵、社会名流，都曾饱受这种"白色瘟疫"的长期折磨。总体来看，每一个时代的医学进展，通常都滞后于疾病之发生，处于被动地位，两者不断互搏；每一个时代的社会建制，也是在应对重大危机和挑战时才见其真章，由此不断完善，或者推倒重建。对于后人而言，越多认识不同时代医学技术和社会建制的进展及限度,越能深刻理解人类身处疾疫之中的困苦与希望,进而正视需要长期应对各种"病菌"的现实,并且不断探寻如何为此做好更加充分的准备。

拓展而言,对于疾病防治,人类可谓一直都是"在路上",今日尤然。结核这个曾被称为人类"致命魁首"(The Captain of Death)的疾病,今天虽然整体可防可治,但仍然是威胁人类健康和挑战公共卫生的关键疾病之一,而且新的形势使得结核防控面临诸多挑战。人类有能力不断研究和改进,因此目前尚可乐观地说:人类会有未来——当然,病菌也有未来(人体本来就是亿万微生物的"合体")。医学与病菌,总是在不断互搏中"彼此提升",医学益进,病菌益烈。而且从宏观的时空尺度去看,结构简单的微生物或许才是更加"永恒"的存在。病菌折磨人类,也作为"逆增上缘"促使人类进步,并且不断警醒人类应当对所有"存在"保持敬畏。

以上所述,即是本人从《教育大辞书》中的"教员肺结核"这一词条出发,在全球史语境下展开的旨在汇通历史与现实的初步探索。

四、自述小结

整体而言,上述三项献曝研究在诸多不同之外,也有以下四点共通之处。其一,缘起初期的选题切口都非常之小:或是"癸卯学制系统图"中的一处细节,或是一所地方小学的校史石碑,或是教育辞书的一个特别条目。金茨堡论其《奶酪与蛆虫:一个16世纪磨坊主的宇宙》选题,就是将本来可能只是"一条脚注的素材"发展成了"一本书的主题"。① 此种书写方式,趣味、挑战与风险并存。其二,在研究时段上,均聚焦于晚清民国。此一时期中国面临诸多转型与巨变,其中所折射的传统与现代、帝制与共和、东方与西方的交融与张力,有着复杂而多维

---

① [意]卡洛·金茨堡.奶酪与蛆虫:一个16世纪磨坊主的宇宙[M].鲁伊,译.桂林:广西师范大学出版社,2021:iii.

的意涵。随着近年各类史料加速整理开放,针对这一时段的深入研究尚有非常广阔的空间,也更有条件针对常人的微观群体作出更加细腻的刻画和分析。其三,在写作体例上,均采取专题为经、编年为纬的形式。编年与专题,为历史写作中的常见体例,各有优劣。针对文化意涵以及微观群体活动的探究,由于很多时候其中难见明确的时代断限,而有诸多纷繁复杂的线索藕断丝连,因此采取专题为主的思路,对于组织材料和展开论析似乎更为适宜。其四,在研究关怀上,均聚焦于具体的"人"及其群体:末代进士、学堂学生、肺痨教师,并关注他们与其所在文化和社会宏观背景之间的互动。而且,研究中尽量将其中的文化交融、知识流动问题置于跨国及全球的视野之下,探寻其互动与影响。无论是考察进士群体的出洋游学及辛亥之后的跨境流动,还是学校市这种学生自治形式的西制东渐与本土接纳,抑或近现代关于结核问题的全球危局以及其中的医疗科学进展等,均有此种考量。

从社会学的角度来看,以上自述和分享,或许应被视为某种形式的"自我呈现"(the presentation of self)。本人虽然讲述了选题和研究的主要历程,乃至开放了研究活动的部分"后台",不过为了侧重讲明论题意旨,加之篇幅所限,不得不折叠很多细节。关于本章开篇提示的"整齐的后见"问题,戈夫曼有更为直白的剖析,可以帮助我们解读许多类似的自述文本:

> 在个体向他人呈现某种活动成果的互动中,他往往只向他人展示最终的结果,把观众对他的评价引导到某个功德圆满、无可挑剔并精心包装过的基础上。在某些情况下,如果完成某项工作实际上并不需要投入多少精力,那么这个情况就会被隐瞒起来。在另一些情况下,被隐瞒的则是个体长时期经受孤寂、疲惫劳作的情况。例如,可以把某些学术著作那种超凡脱俗的风雅品位,与作者为赶时

间完成文献索引而经受的枯燥乏味的工作做个有趣的对照,或者,也可以与他为了加大著作封面上的自己姓名的首个字母的字号而与出版商发生的激烈口角形成对照。①

---

① [美] 欧文·戈夫曼.日常生活中的自我呈现[M].冯钢,译.北京:北京大学出版社,2016:36.

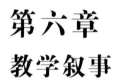

第六章
教学叙事

按语：本门专题课程名为"生活史研究"，对于一名大学文科教师而言，其日常生活的多半时间，即是在思考中阅读、教学和写作。当然，常中亦有变，在疫情形势之下，尤其如此。本章呈现一篇微观教学叙事，①用意有三：其一，以叙事的方式，探讨生活史研究与书写的一种可能；其二，透过日常生活与生活史研究之间的互动，在实践中重新省察教与学之间的关系；其三，思考在技术更新及社会变动的形势之下，传统人文学术的不变之理与应变之道。

一、疫情之下文献阅读和标注的经与权

2020年春季学期，我在华东师范大学教育学部开设硕士课程"中国教育名著选读"及"生活史研究"。突如其来的疫情，使得这段教学经历异常特殊，因此我决定将其中的片段记录下来，并对关联问题稍作省思。

最近几年，"中国教育名著选读"课程修读学生人数总在6—12人之间，非常适合小班读书的教学方式。本学期共有8名同学正式选课。选课学生在本科阶段多数属于教育学或小学教育专业，部分为中国文史类专业，少数为其他学科包括理工科学生跨考。受疫情影响，该门课程采取线上教学。大家充分商议之后稍作权变，即纵

---

① 本章内容曾以《纸书、黑板与网络——新冠疫情期间在线教学的一则微观叙事与省思》为题，刊发于中华书局、清华大学联合主办之学术集刊《数字人文》，2021年第3期。此处有所修订，仍保留第一人称叙事。

向上仍以孟宪承、孙培青编注的《中国古代教育文选》为经，横向上从朱熹的《四书章句集注》入手，①藉此上溯先秦，下及明清，旁涉释老，配合拓展阅读研究论著及标点练习，完成本轮教学。教学中，学生先行预读，课堂上大家围坐共读和讨论，认识其人（时代）、其书（版本）、其学（思想）的主要议题。每周课堂读书之外，另有两事：一是阅读相关的正史传、志，以及指定的研究论文或著作章节，二是稍作古籍标点练习。以下探索和记录，即是从课外标点练习中引申出来。

过往几届教学，我会在每堂课最后二十分钟左右，派发一两页影印古籍，一起标点释读，以期增进大家对于古典文献载体形态的认识，并提升语感，加深理解。若未完成，课后继续练习。本学期采取在线教学，遂将这一

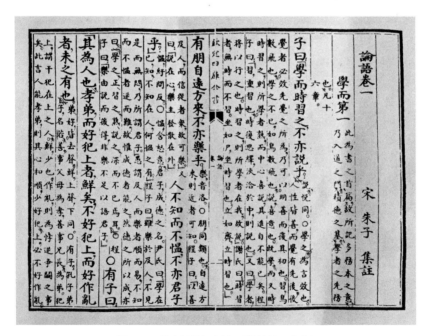

图6-1 学生课外标点练习（传统练习方式）

---

① 朱熹.四书章句集注[M].北京：中华书局，2012.孟宪承.中国古代教育文选[C].上海：华东师范大学出版社，2010.

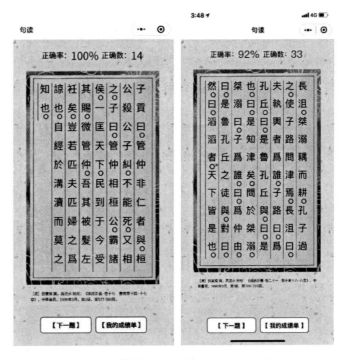

图 6-2　学生课外断句练习(在线练习方式)

环节移到课后。我延续之前的做法,继续发给大家电子版古籍,请同学打印后标注或在电脑上标注后,发到课程微信群里;同时,兼用中华书局的"句读 Pro"小程序。该程序依托书局出版的标点古籍,相对可靠,而且能自动评改,较为便利;不足之处是,练习所见小程序中文本只有经文而无注文。传统与现代两相结合,每次课后练习,同学们都"超额"完成指定条目。图 6-1 及 6-2 是传统及新型标注模式下的几份学生练习。

学期前八周,我们参照《四书章句集注》,逐条读毕《中国古代教育文选》中编选的《论语》篇章。而后开始选读《孟子集注》,先解《序说》,正文则以《梁惠王上》《告子上》《尽心上》三卷为主。课外标点练习,兼用中华书局的小程序。另外,由于《序说》中涉及韩愈对于荀子和扬雄的"有限肯定"评价,而后程、朱再"有限肯定"韩愈,进而对荀、扬"升级批评",其中涉及的时代及义理问题丰富而有趣。因此，我特别选了五臣集注《法言》中的司马光序文来做标点练习；并找来宋本《法言》电子版发给学生，以便大家能间接感受宋版书之优美。① 本学期大多数情况都是直接在电子版上标注，再发到微信群里。虽然断句偶有偏误，但能看出学生们都在认真地完成练习。

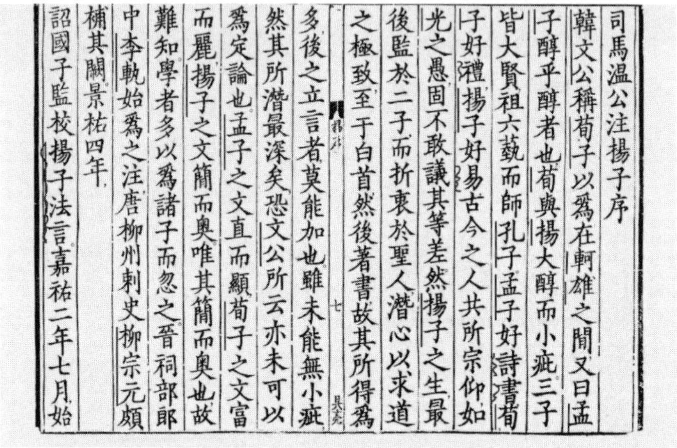
司馬温公注揚子序
韓文公稱荀子以爲在軻雄之閒又曰孟
子醇乎醇者也荀與揚大醇而小疵三子
皆大賢祖六藝而師孔子孟子好詩書荀
子好禮揚子好易古今之人共所宗仰如
光之愚固不敢議其等差然揚子之生最
後監於二子而折衷於聖人潛心以求道
之極致至于白首然後著書故其所得爲
多後之立言者莫能加也雖未能無小疵
然其所潛最深矣恐文公所云亦未可以
爲定論也孟子之文直而顯荀子之文富
而麗揚子之文簡而奧唯其簡而奧也故
難知學者多以爲諸子而忽之晉祠部郎
中李軌始爲之注唐柳州刺史柳宗元頗
補其闕景祐四年
詔國子監校揚子法言嘉祐二年七月始

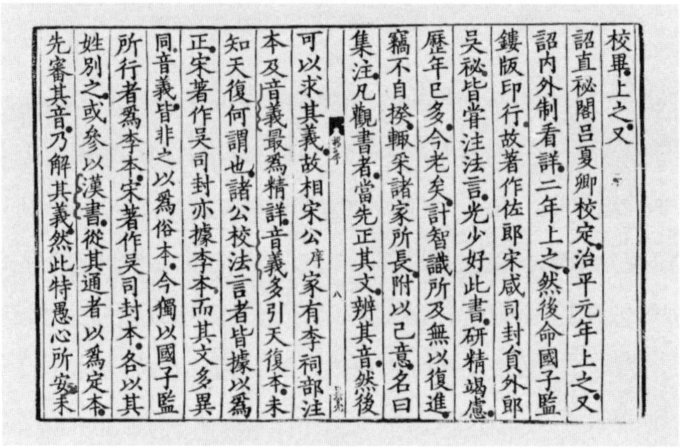
校畢上之又
詔直秘閣呂夏卿校定治平元年上之又
詔内外制看詳二年上之然後命國子監
鏤版印行故著作佐郎宋咸司封員外郎
吴祕皆甞注法言光少好此書研精竭慮
歷年已多今老矣計智識所及無以復進
竊不自揆輙采諸家所長附以己意名曰
集注凡觀書者當先正其文辨其音然後
可以求其義故相宋公庠家有李祠部注
本及音義最爲精詳音義多引天復本未
知天復何謂也諸公校法言者皆據以爲
正宋著作吴司封亦據李本而其文多異
同音義皆非之以爲俗本今獨以國子監
所行者爲李本宋著作吴司封本各以其
姓別之或參以漢書從其通者以爲定本
先審其音乃解其義然此特愚心所安未

图 6-3　学生课外标点练习(书影标注方式)

① 此为南宋淳熙八年(1181)唐仲友台州公使库刻本，属于十三卷系统本，附《音义》一卷，原为辽宁省图书馆藏。半叶八行十六字，小字双行二十四字，左右双边，白口，单黑鱼尾；以宋代浙本官刻典型的欧体字，刻工精美，墨色莹洁。无论是在文物还是校勘意义上，均属“善本”。详参扬雄.宋本扬子法言[M].李轨，等，注.北京：国家图书馆出版社，2019.

二、在网络环境中追寻"同文异读"

做老师和做家长有一些相似之处,比如不宜时时处处都扮得全知全能。对于不少问题我确实所知有限,如果同学曾教益补正了我,我只要记起,都会补充或纠正前堂课的不足,并且说明是谁拓展或纠正了我,进而教导了大家。理想的教学活动中,师生应该都可以放心说某个问题"我不懂"。当然,不懂之后应该是主动探究及相互学习,而非"一物不知,深以为荣"。这次,我在课程微信交流群组中留下的信息为:

> 好的,谢谢大家!我暂时无法判断对错,因此想继续交给大家一项探索任务:请用你能想到的办法,找到《司马温公注扬子法言序》较为可靠的标点本,发到群里来,并且略说你是怎么找到的。下周停课,时间充足,大家可以休息休息,从容探索。请在5月6日之前,将探索结果发到群里(没有找到的也请说说做过何种努力)。("中国教育名著选读"课程微信交流群组,李林发言,2020年4月26日,2020年5月3日)

没到限定时间,同学都在群里分享了自己的探索过程和结果。探索过程有的简单直接,有的曲折复杂。大家都在各尽所能,调用各种搜索引擎、数据资源、文献传递服务等,努力探索。这就是学习——探索结果固然重要,探索过程更加关键。至于探索结果,我预期学生会用两种思路去探究:其一,通过今人校注、译注的《法言》,寻找旧序的标点本;其二,通过司马光的集子,找到这篇序文及其断句或标点。实际结果是,大多数同学通过不同方式,最后殊途同归,找到韩敬《法言全译》中所附的该序标点("新编诸子集成本"汪荣宝《法言义疏》未见收录司马光这篇旧序)。只有林同学接近第二种思路,不过还是隔着一层没有突破。我稍微补充第二种进路的探索结果。我也是通过几种在线数据资源,找到"宋集珍本丛刊"影印本《增广司马温公全集》(线装书局 2004 年出版,广西师范大学出版社"师顾堂丛书"近日影行),以及"国学基本丛书"断句本《司马温公文集》(商务印书馆 1937 年出版),均未见收录此序;而后在标点本《司马光集》(四川大学出版社 2010 年出版)补遗卷 10《序跋》中,见录《注杨子法言序》。也有一位同学,提供的是一般的网络纯文本标点版本。我阅读后提示大家,这种版本可以稍看,但其文本及断句疏漏的可能性更大。在电子资源异常丰富的时代,如何调用各种技术和工具,快速找到文献的不同版本,并对照判断优劣,灵活取用,又是电子时代的资源检索需要拓展的技能。以下引述两位同学在课程群中的探索自述:

> 我把序言中的一句话作为关键词,搜索到一篇引用这句话的论文,然后根据论文的参考文献,找到了《法言全译》这本书,书的附录中有"《法言》旧刻序跋",其中包括带标点的《司马温公注扬子序》。("中国教育名著选读"课程微信交流群组,何同学发言,2020 年 5 月 4 日)
>
> 我根据《司马温公注扬子序》中的关键词,检索到了"国学大师"网站中元刊本的《纂图互注扬子法言》,里面有标点版本,但是没有注明是哪位作者标注的,而且网站权威性不高。所以我就在鸠摩搜书和读秀中继续检索《纂图互注扬子法言》,找到了很多没有句读的刊本。之后又继续检索关键词,找到了《司马温公集编年笺注》作品集,其中有"集注《法言》序"一篇,但是内容不全,不过可以作为参考。之后又继续检索关键词,找到了山右历史文化研究院编的《山右丛书 初编 10》,其中有《扬子法言》的温公序,也是不全,但可以和上部书一起共同参考。到目前为止,我还没有找到《司马温公注扬子序》完整的标点本,希望借鉴一下同学们找到的版本。("中国教

育名著选读"课程微信交流群组,林同学发言,2020年5月4日)

上引两段发言,第一种思路和结果乃多数人所取者;第二种则较为迂折,最终也没有完成预定目标,但过程中所见较多,而且稍具比较判断不同资料来源权威性的意识。无论如何,同学们的所见所得虽然不见得都很高明,但可以肯定的是,他们都在真实探索,相互学习。

如前所述,《法言》存世刻本不少(至于其中有多少是真正的宋本,恐怕还需仔细斟酌鉴别)。郭同学在探究过程中,还从"国学大师"网站找到了一种和刻本。我循着她自述的探究历程回溯,也找到了该版;而后通过京都大学所建"全國漢籍データベース",[①]查知此乃日本万治二年(1659年)跋、京都中野小左卫门覆明世德堂刊本,完整题名《新纂门目五臣音注扬子法言》,共十卷本,日本宫内厅书陵部、国立公文书馆、东北大学、东京大学、九州大学、京都大学、东洋文库、名古屋大学等机构均有典藏,应该是和刻本中流通最广的本子。

这样,我们找到了这篇序文的两个主要现代标点版本(即《法言全译》本及《司马光集》本),[②]这是本次练习的"初始任务"。我请同学们对照看看,两者在处理上有何异同。同学们对勘之后,举述两个标点版本在全文是否分段、部分句子是否断开、句或逗的使用,以及书名号、专名号处理等方面的细微差异。分段、标点等细微的"技术差异"背后,其实关涉的是文献的产生和流通以及后人对于文本内容的理解和处理等重要问题,这也是传统学术训练重视此类细节的主要原因。

至此,我们的教学主要仍然依循传统模式进行,不过交流方式改为在线研讨而已,并未自觉涉及"数字人文"议题。

---

① 全國漢籍データベース[EB/OL].[2020-05-05].http://www.kanji.zinbun.kyoto-u.ac.jp/kanseki/.
② 韩敬.法言全译[M].成都:巴蜀书社,1999:207—208.司马光.司马光集[M].李文泽,霞绍晖,校点.成都:四川大学出版社,2010:1767—1768.

三、人类的"阅读"与人工智能的识文断句

依照过往课程的设计,标点练习应该到此为止。本学期中借着在线教学之便,我向学生们拓展介绍了安徽大学开发的"奎章阁中国古典文献资源导航系统"①,及其 2020 年发布的"全球汉籍分布 GIS 系统"。

图 6-4　安徽大学主持开发的"全球汉籍分布 GIS 系统"首页

教学中,我主要请大家在其"实用工具"一栏,打开由北京师范大学中文信息处理研究所研制的"古诗文自动句读"系统,②将这篇《法言》序文的繁体版文本,分两次复制到系统左栏的文本框中,点选"断句"。发给大家的繁体文本,我自己根据宋版书影校过。我本来打算先试着用书同文公司的"点字成金"古籍 OCR 系统识别,再作校核,顺便检验其准确性,但未能注册试用;给客服留言也没有回复,只能作罢。断句结果出来后,我请大家各自复制粘贴到自己的文档中,也可再尝试选择"标点"(当时这项功能尚在测试之中)。完成之后,可以得到由系统提供的如下断句结果。

---

① 奎章阁中国古典文献资源导航系统[EB/OL].[2020-05-06].www.kuizhangge.cn.
② "古诗文自动句读"系统[EB/OL].[2020-05-06].http://seg.shenshen.wiki/.

韓文公稱荀子以為在軻○雄之間○又曰○孟子醇乎醇者也○荀與揚大醇而小疵○三子皆大賢○祖六藝而師孔子○孟子好詩○書○荀子好禮○揚子好易○古今之人○共所宗仰○如光之愚○固不敢議其等差○然揚子之生○最後監於二子○而折衷於聖人○潛心以求道之極致○至于白首○然後著書○故其所得為多○後之立言者莫能加也○雖未能無小疵○然其所潛最深矣○恐文公所云○亦未可以為定論也○孟子之文直而顯○荀子之文富而麗○揚子之文簡而奧○唯其簡而奧也○故難知○學者多以為諸子而忽之○晉祠部郎中李軌始為之注○唐柳州刺史柳宗元頗補其闕○景祐四年○詔國子監校揚子○法言○嘉祐二年七月○始校畢上之○又詔直秘閣呂夏卿校定○治平元年上之○又詔內外制看詳○二年上之○然後命國子監鏤版印行○故著作佐郎宋咸○司封員外郎吳祕皆嘗注法言○光少好此書○研精竭慮○歷年已多○今老矣○計智識所及○無以復進○竊不自揆○甄采諸家所長○附以己意○名曰集注○凡觀書者○當先正其文○辨其音○然後可以求其義○故相宋公庠家有李祠部注本及音義○最為精詳○音義多引天復本○未知天復何謂也○諸公校法言者○皆據以為正○宋著作吳司封亦據李本○而其文多異同音義○皆非之○以為俗本○今獨以國子監所行者為李本○宋著作吳司封本各以其姓別之○或參以漢書○從其通者以為定本○先審其音○乃解其義○然此特愚心所安○未必皆是○冀來者擇焉○元豐四年十一月己丑○涑水司馬光序○

图 6-5　北京师范大学自动断句系统处理司马光序文结果

这样，每个同学手上就有这篇序文的四种标点/断句版本：两种出自人工专家、一种出自他们自己（文科研究生）、一种出自人工智能系统。我请大家再对照着看看，各个版本有何异同。次堂课上，我先请同学们逐一讲述自己的对勘结果和感受。同学们在前一堂对照两份人工专家标点的基础之上，补充讨论系统断句的可能逻辑。大家基本一致的深刻感受是：没想到人工智能的断句结果，竟然已到这个地步！是的，自动断句中只有少数几处严重偏离文义，可以绝对判错，其余地方整体上并不影响疏通文义。不过，大家对于此种文本处理的方式及结果，总体上还存在不少疑虑。有少数同学一并测试了"标点"功能,指出如果施加现代标点,则错漏比只做断句更多,在书名、专名等的处理上尤其明显。

其间,一位同学勇敢地说出了事实:以两个版本的人工专家断句为参照,对比自己第一次断句的结果,人工智能断句的准确率竟然比自己还高!我肯定了她的诚实,并拓展补充统计事实:依据中华书局和北京师范大学的合作及实测,一般古籍文本自动断句的准确率已达90%以上。① 这个数据背后,是计算机专家和语言学家密切合作,用精密算法、以多达十数亿字的原有专家点校本在不断训练系统。这种基于"深度学习"的设计(新近更有"进化学习"之说),基本理念或许与以人类实战棋谱训练Alpha系列"棋手"相似。

在此过程中,我们触及了以下的问题,虽然不能全部予以解答。第一,以上引述的数据可靠吗?这几乎是研究者的本能疑问,何况有些数据还是由所谓"利益相关者"发布的。其对照实验设计及取样代表性如何?比如,断句难度完全不同的散文和韵文(诗词)是否分开计算?诸如此类,我们希望继续学习更加细致的统计和研究,增进认识。目前只能说,自动断句(不是标点)的准确率超出了我们的预期,而且此类系统尚在不断优化改进。第二,传统学术机构及出版机构近年高度重视古籍数字化和整理智能化,固然反映出在语言处理领域,以诺维克为新近代表的"经验主义"与以乔姆斯基为代表的传统"理性主义"之间的争持,以及前者对于后者的挑战甚至部分"超越"。② 不过,我们是应该在短期之内将已知古籍尽数搜罗整理?还是应当适当放慢速度并注重质量,以便"但存方寸地、留与子孙耕"?抑或是说,目前的局面,实际仍是人工智能驱动下文化领域的"剧场效应"?进而言之,此类"文化基础设施建设"是否需要更高位的、更具见识的"顶层设计",并探索标准规范的建立?第

---

① 康宁临.走进中华书局数字服务体系[R].在线报告,2020-05-07.
② 启示得自胡韧奋.浅谈古籍整理智能化的基础:资源、技术及应用[R].在线报告,2020-05-30.

三,既然如此,我们这书还要读吗?这似乎不成问题。正是因为持续的数字化,极大地改变了"文献"既有的形态,我们不仅要读,对于核心文本还需去读较好的整理纸本,有条件时还应去读接近文献原貌的版本,哪怕只是影像档或影印本。何况,学以为己,他人/物读得再多,与己何干?谷歌 Alpha 系列战胜人类顶尖棋手,并不影响普通爱好者继续享受"手谈"之乐。更不用说,作为以读书为业的人文学者,其研究当是源自不断地阅读、思考与内化,在这方面,算法系统再怎么高明,也于事无补。

不过,事异而备变,读书的视野和方法确实应当稍作转换;相应地,研究中也需面对一些前所未有的问题。在目前的技术条件和持续投入之下,可以预见未来一段时间里,各种以前稀见文献的影像及全文,以及用以分析这些资源的工具会被陆续发布。此种情况,首先会给学术研究带来很大的便利,今日青年学人完全不用电子资源展开研究者,只怕已微乎其微。因此,与其纠结支吾于"是否用",不如敞开探究"如何用"。其次,会给学术研究带来很大的挑战,因为随手可得的材料很多"来路不明",或者"泥沙俱下",如何辨识和拣择会是更大的问题,没有整体图景和问题意识而贸然"入库",反而可能会被淹没在枝节之中。而且,不少数据库建置时由于缺少人文学者的深度参与,加之其底层架构设置较为单调,又因商业利益而各自为政,以致功能有限,很难达到深入挖掘、结构关联的要求,更不用说与其他同类资源互联互通。因此,在实际检索中需要留意,"见"与"不见"都具有研究意义。最后,现在的研究条件和研究积累,对于研究者的综合素养及成果水平提出了更高的要求。由于现在文献检索和获取的极大便利,对于重视材料搜集与分析的历史学科,如果研究中遗漏的关键史料较多,就更难以令人信服。

四、作为知识资源的工具书和数据库

以上断句,主要是根据文理脉络(理性主义)及语词规律(经验主义)完成。这对于研究者而言,并不足够。要确切理解文义,还需扫清一些具体

障碍,并由此生发出新的研究问题。因此,我请同学们尝试对序文中的一些名词术语进行注释,这是源自传统的阅读古书的基本要求。我先列出以下十个语汇为基准,也请同学们拓展至自己觉得重要或不解的语汇。因为其中涉及较多职官及机构名称,我准备了三种工具书之电子版:贺凯(Charles Hucker)所编的 *A Dictionary of Official Titles in Imperial China*,龚延明编著的《中国历代职官别名大辞典》及《宋代官制辞典》;①并建议结合《宋史·职官志》(用中华书局"中国经典古籍库")、《十通》全文检索系统(用书同文古籍数据库)及"鼎秀古籍全文检索平台",作为拓展参考。词条查实之后,同学们可以照录典籍及工具书原文,或根据文献自行综合疏释,均需注明出处;无法查考者,也可略说自己做过什么努力。

表 6-1 司马光《注杨子法言序》探究语汇列表

序号	词汇	序号	词汇
①	六艺	⑥	内外制
②	祠部郎中	⑦	著作佐郎
③	刺史	⑧	司封员外郎
④	国子监	⑨	天复本
⑤	直秘阁	⑩	涑水

注:学生可根据需要,添补注释觉得重要或不解的其他语汇。

到了预定时间,同学们发来课外作业。有直录辞典及史料原文者,有兼用截图并作标注者(特别是对贺凯辞典);更有排比几种材料之后,自己尝试再加总结裁断者。有仅用推荐资源之一二者,亦有拓展至推荐范围之外者;亦有同学拓展至注释"镂版"及"俗本"等词;又有同学检得

---

① [美]贺凯.中国古代官名辞典[M].北京:北京大学出版社,2008.龚延明.中国历代职官别名大辞典[M].北京:中华书局,2019.龚延明.宋代官制辞典[M].北京:中华书局,2017.

未标点文本时,连带用及上文所提自动断句系统。此处以原图直引同学处理"祠部郎中"一条的部分材料内容。①

祠部郎中

(1) 来自:《宋代官制辞典》中"祠部司郎中"一词。P217。

始自唐初武德年间(《通典·职官》5《礼部尚书·祠部郎中》),宋沿置。职掌①北宋前期无职事,为文臣迁转官阶;元丰改制,其阶易为寄禄官朝奉大夫。②元丰新制,祠部郎中为职事官,归本司任一司之长,实领祠部公事,提领度牒所(《宋会要职官》13之16、《宋史·职官志》3《祠部郎中、员外郎》)。官品①宋初,依《唐官品》,为从五品上(《六典》卷4、参《宋会要舆服》4之11)。②元丰新制后,从六品(《宋会要职官》8之3,《庆元条法》卷4《官品令》))。

(2) 来自:《A Dictionary of Official Titles in Imperial China》中"祠部"一词。P558

7566 *tz'ǔ-pù* 祠部
(1) N-S DIV: **Ministry of Sacrifices**, from San-kuo Wei through N. Ch'i a recurrent name, alternating principally with *i-ts'ao*, for what ultimately became the Ministry of Rites (*li-pu*), one of the principal Ministries of the Department of State Affairs (*shang-shu sheng*); headed by a Minister (*shang-shu*); often called *tz'u-pu ts'ao* (Section for Sacrifices). Commonly incorporated 3 or 4 subsidiary Sections (*ts'ao*), e.g., the Liang dynasty's *tz'u-pu ts'ao* (as above), *i-ts'ao* (Section for Ministry Affairs), *chu-k'o ts'ao* (Section for Receptions), *tien-chung ts'ao* (Section for Palace Affairs). P9. (2) N-S DIV: **Section for Sacrifices**, recurrent name of a Section (*ts'ao* sometimes added as suffix) in the Ministry of Rites (*i-ts'ao*) or Ministry of Sacrifices (also *tz'u-pu*) in the developing Department of State Affairs; headed by a Director (*lang, lang-chung*). P9. (3) SUI-SUNG: **Bureau of Sacrifices**, one of a standard array of 4 Bureaus (*ssu* sometimes added as suffix) in the Ministry of Rites (*li-pu*), headed by a Director (*lang-chung*), rank 5b in T'ang, 6b in Sung; antecedent of the Ming-Ch'ing Bureau of Sacrifices (*tz'u-chi ch'ing-li ssu*). RR+SP: *bureau des sacrifices*. P9. (4) MING-CH'ING: unofficial reference to the **Ministry of Rites** (*li-pu*).

(3) "鼎秀古籍全文全文检索平台"

| 45 | 来斋金石刻考略/[clear]... | 清 | 日仓部员外郎日禧部郎中日禧部员外郎日祠部郎中日祠部员外郎日膳部郎中日膳部员外郎日… | 阅读 检索明细 收藏 |

(4)《宋史·职官志》

祠部郎中 员外郎
初补医生,令有司试艺业,岁校全失而赏罚之。(3853页倒1行、3854页1行)
祠部管医政,不止管医生(学生)试补事,且管岁终较医官功过。《宋志》述祠部职止及医学生事而不提医官事,非妥。宜于"岁终校"后补"医官"之名。
《合璧后集》卷二九"祠部郎中·员外郎":"《神宗正史·职官志》:参掌天下典祀、国忌、庙讳……岁较医官功过而责罚之。"
《通考·职官》六"礼部尚书":"祠部掌诸州宫观、僧尼、道士、童行、住持、教门事务;祠祭、祈祷神庙、加封、赐额并属之;医官磨勘、医生试补,校其事而予夺之。"

(5)《中国历代职官别名大辞典》P563

图6-6 学生提交的词条注释作业局部图

---

① 胡甲一.名词注释作业[R].中国教育名著选读课程作业,2020-05-14。此处版式略经本人调整,以期醒目。

从图 6-6 来看,该同学尝试列出五类文献来源中,有关"祠部"及"祠部郎中"的注解及引文,然后自己尝试归纳凝练,以数行文字重新注释词条,也是一种别样的尝试。不过,其中对于文献先后主次的排列,包括归在《宋史·职官志》之下的引文内容,其处理不无问题。在此条作业中,既有学生自己录入的文字,亦有纸书 PDF 版本之截图,还有数据库检索内容的复制,"电子文档"在这里呈现出不同的形态和功能。当然,这里提及的仍是文献典籍的电子版或数据库。原因无他,疫情居家期间,莫说是新手入门的学生,就算是一般从事中国文史教研的老师,若非能在家校之间来回周转,也很难随时翻阅这些文献的纸本。

至于篇幅,此次学生所交作业少则三千来字,多则万余字。要知道,这只是一次课外小练习,而且我只是略说探究范围,提示资源线索,对于篇幅与体例并无要求。如果同学们希图因陋就简,按照寻常"名词解释"的套路,十个语汇在一页之内即可敷衍完成。不过,他们显然都没有这样做。邓广铭曾提出,职官制度、历史地理、年代学、目录学乃研治史学的"四把钥匙"①。今日虽然文献类别繁多,技术条件也与之前大有不同,但基本原理仍是如此。我也相信,以传统尤其是宋代职官制度之繁难,她们未必都能洞察细微(即我自己亦然);不过,她们确实在以自己的方式,努力处理这些并不易懂的资料,并且试着去比较、去归类、去总结,这已难能可贵。

次日上课,我们先用一节课的时间,交流探索心得。大家除了分享自己完成此次课外作业的历程,研讨中主要涉及的议题如下。其一,龚氏、贺氏两种辞典虽然都是处理职官制度,不过从整体上看,前者断代而详,后者通概而略;且因主要预期读者对象不同,对于背景知识的处理也各有侧重,应当参互对观,兼得其益。由此,我也引申谈及认识工具书体

---

① 邓广铭.邓广铭全集(第 10 卷)[M].石家庄:河北教育出版社,2005:181—185.

例及结构的重要性。其二,辞书内集中凝练的释文内容,其资料证据大多可从今日数据库检索内容中获得,不过要将后者化作前者,需要经历相当精深的去取和整合功夫;同时,有时也会发现检索所见的部分内容,并不被既有工具书所涵括,甚至有相互抵牾之处,因此,权威工具书也常有修订更新的必要。其三,即便是同一词条,在不同的工具书中其释文内容不仅可能详略有差,立论也会有不同,需要结合新的学术研究成果,加以裁断。其四,犹如前几周的探究中多次提及,利用数据库时关键词选择及检索条件设定,以及理解所用数据库的基本结构逻辑,甚至字符处理可能带来的问题,都至关重要。其五,对于词条检索结果的时代及类型分布,以及检索中的"见"与"不见",也应存有必要的警觉。

关于"天复",司马光序文称"不知何谓"。我们的此次探究,也未有实质推进。只能依据前人有限的考察,以"天复"为唐昭宗或后蜀王建所用年号,视"天复本"为今已亡佚的唐末五代《法言》版本(当为蜀本)。以下完整引述一条林同学注释"天复本"的作业内容:

> 天复,唐昭宗年号(901—904)。前蜀高祖王建在蜀称制时以此为年号。"天复者,唐昭宗纪元而王建在蜀称之。"[1] 天复本,盖《扬子法言》注本,书本、作者在宋代均已失传。"天复本……然则蜀本也。撰人当出五代宋初间矣。"[1] 李轨注的《扬子法言》是存世的最早的《扬子法言》注本,注本中有《扬子法言音义》一卷,没有记载作者,其中多引用天复本的说法。"五代时缺名氏撰《扬子法言音义》,其中多引天复本某作某,又辨俗本作某之误。"[2] 由于已经失传,所以司马温公也未见天复本。"音义多引天复本,未知天复何谓也?"[3]
>
> [1] 扬雄.扬子法言译注[M].李守奎,洪玉琴,译注.哈尔滨:黑龙江人民出版社,2003:220.
>
> [2] 胡朴安.文字学常识[M].长春:吉林出版集团股份有限公

司,2017:136.

[3] 司马光.司马光集[M].李文泽,霞绍晖,校点.成都:四川大学出版社,2010:1768.①

可以看到,该同学在尝试综合古今学者的既有见解,并将其与序文内容关联论述,文脉亦属通贯。虽然未能对此问题的认识带来根本突破,参考文献的排列呈现亦可再加改进,但对于学生而言,仍有"日知其所不知"之效。此外,同学们也提到对比其他作业之后,发现自己的有待改进之处。基于同一目标任务,同侪各自探究后又相互学习,也是课程建群及在线交流应有之义,以免"独学而无友"的弊端。引导学生研究,阅读他们的练习,对我而言也是很好的学习。而且,他们毕竟都已经是研究生,有展开探究的能力与必要。总而言之,传统工具书和新近数据库作为重要的知识资源,需要恰当综合运用,才能兼取其长而有"添翼"之助。反观今日整体趋势,学界较多依赖数据库而废弃传统工具书,也成问题。

五、探寻文本内外的"为学方案"

我们探究至此,主要涉及与这条文献相关的版本、句读及制度等问题。我仍希望大家在此之外,稍微了解序文作者司马光在宋代学术史、思想史版图中处在何种"节点"之上,以及"学案"在传统儒学史中的地位。因此,我请他们先读朱鸿林老师的《儒家"为学方案":学案著作体裁》一文,②以便稍知传统学案写作的性质、目标及其结构。而后,浏览《宋元学案》之《涑水学案》;③并请大家将前附学案表截图重拼,排为一页(样例见图6-7,学案所涉人物较多时,传统分页排版颇不易读)。最后,

---

① 林曼曼.名词术语注释[R].中国教育名著选读课程作业,2020-05-14.
② 朱鸿林.《明儒学案》研究及论学杂著[M].北京:生活·读书·新知三联书店,2016:29—59.
③ 黄宗羲.黄宗羲全集(第3册)[M].吴光,校点.杭州:浙江古籍出版社,2012:338—436.

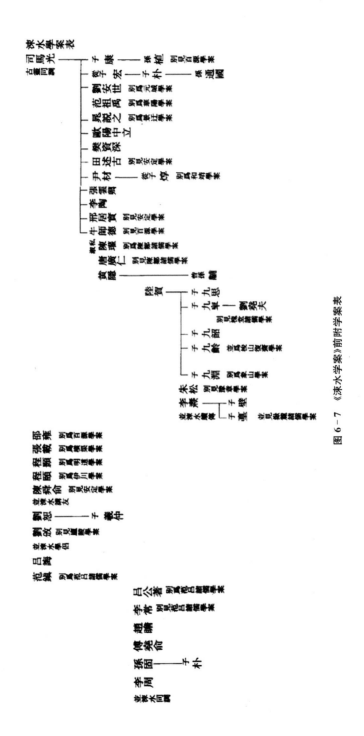

图 6-7 《涑水学案》前附学案表

我请他们进入北京大学最近发布的"《宋元学案》知识图谱系统",①以多种方式查询其中有关司马光的资料;并尽量探索了解该系统,比较传统纸本学案及在线知识图谱系统各自的优劣,思考此类系统的研制给学术研究可能带来的启发与挑战。我请大家在下次上课前,仍将探究历程及思考以 Word 文档发到课程微信群中,内容形式及篇幅长短均无限制。

同学们仍在预定时间分享了探究文档,整体情况也是琳琅满目,各尽所能,没有一篇出于偷懒应付。我当时不在电脑前,只在手机上逐一打开快速浏览,并在课程群中留言:

> 很好,谢谢大家如此用心!明天上堂[课]读书之前,我们仍先交流此次探究心得。大家如果愿意,也可以有意识地保存自己在如此特殊的时期,认真修读这门课程所产生的"档案";并尝试就自己的学习以及当下的教育教学,稍做一点反思,以深化认识。我们是研习历史的人,对于正在见证的重大历史局面,也应当有些敏锐感。("中国教育名著选读"课程微信交流群组,李林发言,2020 年 5 月 21 日)

次日课上,我们用了一节半课的时间,充分交流此次探究心得。同学们整体都是依循"读朱氏论文—初阅《涑水学案》纸本—探索知识图谱系统"的路径展开的,也有部分同学延伸查询其他文献,加以辅证。学案中选录了司马光《疑孟》一文,也与这几周正在研读的《孟子集注》互相照应。我先简介朱鸿林老师及其对传统学案的深入研究,并略说自己初步了解的《宋元学案》知识图谱的建置背景。我们赞叹并感激该团队花费了大量心力,建成系统后免费开放使用,让我们有机会拓展教学与探究的视野。由于该系统乃近年新建,技术条件相对成熟,又有计算机专业团队把关,因此

---

① 《宋元学案》知识图谱系统[EB/OL].[2020-05-20].syxa.pkudh.org.

内部架构颇有可观之处。其中的若干思路和技术问题,远非寻常文科师生所能设想和解决。传统纸本学案提供的文本与架构,对于揭示部分学派的传承关系很有帮助,这也是网络数据结构的基础。但是,若非常年深入研究宋元学术思想的专家,很难在脑中勾勒出图谱全景,更不用说其中复杂的交错关联。经过结构化处理的学案知识图谱系统,其"遥读"部分对于关系图谱、学术流变、师承关系、学派传承有整体概观,对于所涉人物的"网状联结",快速查知某位学者在网络中的节点位置等,助益尤多。诚如邓小南所言,"历史学处理的材料,是对于有形事件、人物、制度的叙述,而这些背后,将方方面面勾连为一体的,事实上是无形的关系"。① 而该知识图谱之"精读"设计,除了传记文本资料,对于这些人物活跃的时间、地点,其中涉及的主要著作名称及职官名称等,都有较好的结构化处理思路。初步"勘探"之后可知,这个系统在快速检索、强化关联、便捷制图几个方面,尤有所长,善用者应能做出不俗的研究,亦如其主页所称"宋代学术史再发现"。

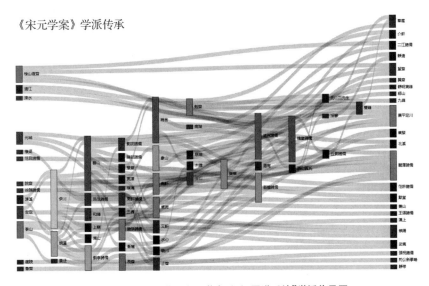

图6-8 北京大学"《宋元学案》知识图谱系统"学派传承图

① 邓小南.数字人文视角下中国历史研究的点滴思考[R].在线报告,2020-06-06.

初步看到此类系统带来的便利和助益的同时，我们也尝试反思其中的局限及可能存在的问题。首先，从建置理念和逻辑而言，整部学案实际并非单个学案的简单叠加，而是具有某种学术和思想目标的一部著作。系统基于信息抓取、统计和"机械化"关联所提供的结果，在追求直观可视化的同时，也会将思想和学术的复杂性过分化约。其次，从呈现方式来看，目前系统中"遥读"所能呈现的图示非常简洁，但也较为简单（或许尚有更多进阶功能暂未开发或开放）。若非对于时代、学术和文本已具整体认识，凭此图谱也难以提供更加深刻的阐释。再次，从文本细节上看，或许由于版权原因不能直接录入已刊繁体点校本，系统中的简体文本（偶见繁简混排）在文字和标点上时见错漏，仅就《涑水学案》所附司马光小传所见，其中错漏即不下数十处（2020-5-20 检索）；而且与纸本相较，系统电子文本没有书名号、专名号，也不再区分纸本固有的字号大小、栏位高低。这些文本校勘意义上重要细节的缺失，会给有效理解文本和信赖使用系统造成较大影响，尚待精校。我也提示大家，需要对文本有清晰的"上下游"意识；虽然数字人文技术日新月异，但归本还原，有足够的精校文本才是"王道"。以下引述两位同学的探究体悟，很具有代表性：

我认为在线知识图谱的优点显而易见，就是通过技术，达到某些数据如文本的智能检索和快速关联，这大大提高了我们搜寻信息的速度，而且可以做到可视化，更加直观。但是缺点亦不可忽视。第一，仅仅依靠数据关联的文本相关性，存在许多不恰当之处。第二，知识图谱将众多学案打散，可能破坏文本的整体性，"时代与编者自身的复杂性"似乎无法体现。这种知识图谱，似乎纯粹地将这些信息作为零碎的史料来拼接运用，而不考虑不同学案作者的主观意图。第三，无法代替研究者作出价值判断。线上知识图谱，更加强化联系这一概念。它将人物、著作、地点、时间等要素联系起来,但是对于儒者本身的思想内容的把握和判断,是没有办法代替研究者完成的。("中国教育名著选读"课程微信交流群组,李同学发言,2020年5月21日)

无疑,在线知识图谱可以帮助我们建立起知识点之间的联系,更好地理解和掌握内容,带来了极大的便利,甚至我希望所有传统纸本内容都能电子化建立起知识图谱系统,形成庞大的学术网络和海量的资源库,任一知识点可由此溯源,串联起相关信息。但如果形成只依靠网络解决所有问题的习惯,长此以往,容易使人造成惰性,我们仍需要通过传统纸本进行学术训练,严谨科学,精益求精,同时学会利用网络资源的优势以求互补,并学会鉴别其中的疏漏。而实际上,无论传统纸本还是在线系统,终究只是辅助工具,我们对此所作的思考和探索,不同的理解与感悟,才是真正的核心所在。("中国教育名著选读"课程微信交流群组,郭同学发言,2020年5月21日)

我赞许大家所表达的真实看法,尤其是他们关于纸本与网络两者之间关系的辨析;同时,我也提示大家应明了研究者与建置者各自的位置与局限,以免责人太过,无暇责己。我们使用时向系统发送的一个简单指令,背后都是有赖建置者不断书写代码、修改结构、补充材料,才能达成。培养同学们的开放态度、审辨思维和方法技能,正是此番探究的要义所在。这些见解,有深有浅,有对有错,但若非请同学先行探究,单靠我自己口头介绍,以空对空,基本就如粤语所谓"水过鸭背"。我同时提示大家,在受惠并感激此类项目工作的同时,我们应更多将其视为一种项目成果的展示,是一种难得的努力尝试,而非一种已为定论的研究成果。研究者应该基于此类系统提供的思路、信息和工具,进行再次发掘,做出自己的研究。我们讨论涉及的议题和观点,有些可能已近"前沿",这倒不是说我们的见解有多深刻,而是有些问题此前根本就不存在,或者大家也不大从这些角度去切实探索和思考。

六、CBDB:关系型数据库的勘探实验

打铁趁热,我想借此机会,再带大家多了解一点电子资源及数字工具。如哈佛大学费正清中国研究中心、中国台湾"中研院"历史语言研究所及北京大学中国古代史研究中心三方合作开发的"中国历代人物传记资料库"(China Biographical Database Project,简称CBDB)。我请大家先浏览CBDB项目主页,①了解该项目的内容和可能作用;拓展要求是实操练习,借助在线数据、软件以及教学视频的帮助,自定义绘出司马光的社会关系网络图。

我先在"查询社会关系网络"选项下,只选择学术关系及政治关系(距离设为1、循环次数设为2,以免节点数据过多),检索数据后导入绘图软件Gephi,稍加调整后画出司马光的社会关系网络简图。亲自试验过后,我知道这个过程并不太容易,因此预计学生不大会选做此题。

到了预定时间,大家又齐齐在课程微信群中分享探究文档。这次确实出乎我的意料之外。因为这项任务不是必选,而且不易完成,我原本预期有2—3人完成已很不错。但是,他们竟然又都完成了!

次日上课,我们先用了一节课的时间,交流探究心得。首先是一些纯粹的技术问题。近日某网盘链接很不稳定,因此我为了节省大家的时间、打包分享了探究资源,她们终究未能成功下载,而是根据我提示的路径,自己分别溯源下载,这样他们其实会学到更多。我给大家推荐的绘图软件只是Gephi,不过他们中有几位同学拓展探究了同类软件Pajek,

---

① China Biographical Database Project[EB/OL].[2020-05-25]. https://projects.iq.harvard.edu/chinesecbdb.

并比较两者的异同,以及如何在 Gephi 中解决节点标签中文字符的显示,节点颜色、大小、布局的呈现与意义等问题。

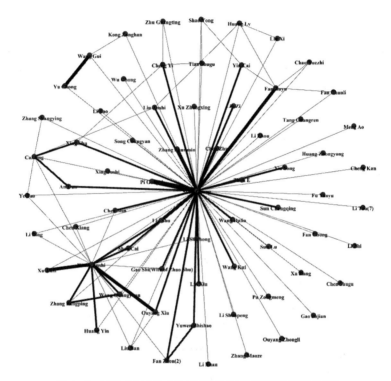

图 6-9 司马光主要学术关系及政治关系网络简图(李林绘图)

其次是他们自己下载试用 CBDB 数据的经验。同学们从不同角度都留意到"自定义"检索及输出的重要性,以及 CBDB 不只是作为"人物词典"的关键性质与定位。我则介绍 CBDB 尚有很多可以探索挖掘的空间,如对于文本挖掘、地理空间分析、社会网络分析及时间分析等,该数据库都能有所关联和兼顾。随着其中添置的历史人物信息的不断增多,结构若能再加完善,应该会越来越有影响力。截至 2021 年 5 月,库中历史人物总数增至约 491000 名。①

---

① 最新数据由 CBDB 项目组成员徐力恒提供并惠允使用,谨致谢忱。

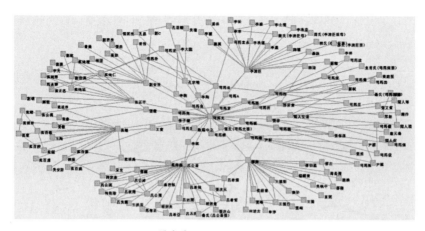

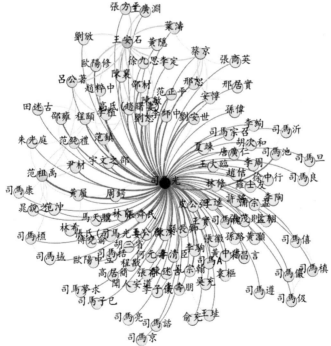

图 6-10 Pajek 及 Gephi 呈现司马光社会关系简图(胡甲一、孙芳洁绘图)

至于 CBDB 等项目能在何种程度上推进中国古史研究,则除了取决于数据库本身的不断完善,更取决于研究者自身的功力和视野,以及在面对这类数字资源时能提出什么样的问题,进而去解决这些问题;魏希

Period (时期)	Number (数字)
唐 Tang	53864
五代十国 5 Dynasties	1788
宋 Song	54140
辽 Liao	326
金 Jin	678
元 Yuan	24691
明 Ming	214873
清 Qing	110954
民国 Minguo	4682
其他 Other	25172

图 6-11 CBDB 所收历代人物数量对比图

德论此,尤其强调数字历史中"想象力"(imagination)的重要。① 学生们与我自定义的人物关系范围不同,选用软件及布局不同,因此图示各异。不过总体而言,这些图示大致都能提示,司马光自然是这个社会关系网络的中心节点。在司马光的学术与政治关系网络上,王安石作为另一个"关键节点"的位置,以及司马光、王安石、欧阳修之间,司马光、范缜、宇文之邵三个节点之间密切的"三角关系",透过安惇、邢恕及邢居实,司马光的社会关系与蔡京发生关联,以及司马光与皮公弼之间非比寻常的密切关系,程颐、范祖禹和尹才在司马光社会网络上的重要位置等。这些"关系网络",是虚是实,是对是错,如何解释,都还需要结合文本,循此深究细查,才能理解其背后的"思想世界"及"历史世界"。学生自述探究心得,亦称:

> 最初在使用 Gephi 软件进行绘图时遇到一些困难,主要是不知道该怎么具体操作。之后通过观看教程、参考已有的案例来摸索、

---

① [荷]魏希德.数字历史需要什么? 想象力、评测、合作[R].在线报告,2020-06-06.

学习、操作,绘成最终的图片。这点也让我觉得,如果在进行研究时使用这种方法,研究者需要学习如何使用该软件,这对研究者在技术方面有一定的要求。以这种可视化的图片来呈现人物的社会关系,其优势是不言而喻的。关于其劣势,在绘图的过程中,我所查询的资料十分详细地说明司马光与某个人物的具体关系是什么,但是绘制成图,我们只能看到他们之间是存在一定关系的,但具体是什么关系,则并不清楚。在文字信息转化成图的过程中,可以说存在信息丢失的现象。由于每个人的经验与学识不同,每个人从图上解读出的内容也是不一样的。("中国教育名著选读"课程微信交流群组,刘同学发言,2020 年 5 月 28 日)

诚然,数据库可以提供并整合信息,进而部分生产"知识",但无法形成真正的见识——这来自人脑而非电脑。当前的数据资源及数字工具所能做的,主要集中在三个方面:快速检索、批量统计及可视化呈现。目前的数字人文技术中,较为成熟也比较能够快速解决人文研究问题者,主要为文本挖掘、社会网络分析及 GIS 技术。① 其中的任何一环若要"出彩",都离不开研究者自己的深度分析,数据内外的司马光研究亦然。

其实,还有一种更加贯通的练习和探究思路。可以读完标点排印的《涑水学案》后,将校正纯文本上传到荷兰莱顿大学研制的码库思古籍半自动文本标记平台(Markus),标记人名和地名。② 校正调整后,再尝试将标记与统计结果与 CBDB 数据关联,最后借助 HGIS、Pajek 或 Gephi,应该也能画出《涑水学案》所涉学者系谱图和地域分布图。不过,这样时间投入更多,因此我没有将其设计为必须要探究的内容,留待他日。在进

---

① 启示得自南京大学王涛,2020 年 7 月 5 日在线交流。
② 具体操作及样例可见 MARKUS[EB/OL].[2020 - 7 - 1]. https://dh.chinese-empires.eu/markus/.

阶的学问探索领域，教师即便不再带领学生一同"登山"，也不必因为顾虑山上可能有自己不知的物种，而不告知学生世间本有此山。

七、架构具有兼容接口的"知识主机"

再往前走几步，还可能探究出一些专门论题。实际上，在教学中我也不断鼓励同学，可以以这篇序文中所提示的文献学问题，或是制度问题、思想问题、人物评价问题等为线索，撰写学期小论文。以往几届修课考核，虽有诸如撰写史料提要及编制专题书目的作业形式，不过总以撰写论文为主。这次因应修课学生背景及现实情况，我提供了另外两项作业选择：一是购买国家图书馆影印的宋本《大学章句 中庸章句》，循其浅痕点断后提交，遇疑试注，遇错试纠；二是全文翻译《哈佛亚洲研究学报》(*Harvard Journal of Asiatic Studies*)近刊长文"The Last Words of Confucius"(孔子的遗言)。[①]

上述课外系列探究实验：古籍标点—自动断句—专名训释—知识图谱—社会关系，我们探索了五周，其间课上共读《孟子集注》三卷；余下五周，我们读《大学》《中庸》两篇。其间，每个人都在依照自己的进度，阅读《四书章句集注》及有关研究论文。除了课上共读，学期前十三周我自己将《孟子集注》重读了两遍，理解稍增几分。在课堂上，我们的教学方式很"土"，主要就是拿着《四书章句集注》，逐字逐句轮流读解和讨论选定的内容，整个学期没有播放过一页PPT。这当然不是有意"抗拒"网络技术。我只是觉得，既是"读书"，尤其是读古人书，手边就应当真的有书、有笔，以便随时勾圈点画；而且除了默识心通，还应当出声朗读，讲论一番，如此理解才会深刻。

---

① Michael Hunter. The last words of Confucius[J]. Harvard Journal of Asiatic Studies，2018(01)：125—159.最终提交期末作业时，学生的选择为：撰写论文2人，文本断句3人，论文翻译2人，其他方式1人，各得其所。

但在课堂之外,我们除了继续阅读相关研究论著,则最大限度地调动、挖掘网络资源和技术,开展"项目式学习"(project-based learning)。此时,电脑屏幕取代并拓展了"黑板",成为传递和延伸知识的重要新型载体,纸书、黑板与网络之间,因此得以相互融通。在这个过程中,我给学生、也给自己不断试错的机会,以此探索共同学习提高的可能。借用今日基础教育术语,近于佐藤学所倡导的"学习共同体"中"活动式、合作式、反思式学习"。[1] 我们虽不能至,心向往之。崔允漷也曾一再提示教师留意:教了,不等于学了;学了,不等于学会;学会,不等于会学。[2] 我有时半开玩笑地对学生说:如果你们今后不是以此为业,深造自得,今天我们所讲的若干知识细节,你们很快就会忘记,这点我很有信心。既然知识细节会被遗忘,除了取得学分、拿到学位,你们修读这科有什么意义?这是学生需要思考的问题,更是教师应该反思的问题。

这门课不是数字人文导论之类的课程,甚至也不是古代教育思想史或教育文献学概要课程,课程宗旨是实际去读一些选定的教育原典篇章,我们始终贯彻。在课外系列练习中,我们能够借机认识几种最新的数据平台和人文工具,乃至试探几种软件的用法,估计是学生从未料想到的。其实对我而言,此前虽然对这些平台和工具稍有摸索和了解,但若非此次疫情所"逼",我大概也不会考虑在自己的教学中作这样的拓展探究。当然,这其实不是这门课程的全部,甚至也不是最关键的部分,这只是一则课外练习的插曲而已。

探究全程之中,同学们的参与及反馈都非常积极。每次讨论,他们显然都是有备而来,有话要说。隔着屏幕,也能感觉到他们的向学热忱。还有同学回溯反思五周探究全程,分析各个环节中网络资源的得

---

[1] [日]佐藤学.学校的挑战:创建学习共同体[M].钟启泉,译.上海:华东师范大学出版社,2010.
[2] 崔允漷.指向深度学习的学历案[J].人民教育,2017(20):43—48.

失与优劣,最后谈及自己对传统纸质书籍与数据化系统的思考,体会较深。① 在这个过程中,我希望我们除了拓展专业知识,也对我们的思维及方法有所训练,对自己的学业、所处时代及社会有所省思。最后,我对他们说:

> 这是一个高度专业化的时代,学无专长则难以立足;这也是一个高度连接和整合的时代,太过偏枯则有碍生长。理想的情况,是能在自己的知识"主机"之上,留下一些较有兼容弹性的"接口",这对拓宽视野和增加趣味,应该都会很有帮助。("中国教育名著选读"课程微信交流群组,李林发言,2020年5月29日)

故事还能继续吗?当然可以,学问探究永无止境。不过,这毕竟只是一段由阅读《四书章句集注》的课外标点练习引起的插曲,"编年"故事需要暂停于此。由于这条案例文献的牵引,我们借助书籍与网络之"两翼",从传统形式的教室、黑板、课桌之中"放飞",在古今中西之间往回穿巡。身处今日,不宜只视互联网为在线教学的技术平台,它还应当是随时更新着的教学资源宝库。和不少同仁一样,疫情期间我也参加过许多在线讲座、沙龙、工作坊的学习,出入于各类教学平台及虚拟"教室""班级"之间。因危生机,疫情确曾实质性地重塑全球教育的格局,通过突破传统教学中时间、空间、内容、媒介等的限制,重构传统的教与学,进而重塑一种新型的"师生关系"和"教育认同",乃至可能创生新的教育学理——将"黑板教育学"拓展至"网络教育学"。在此意义上,"传道之器"同时成了"变道之器"。

教育是知之似浅、行之甚深的学问领域,作为在教育学科工作的人,

---

① 谷启凡.CBDB 的探索及思考[R].中国教育名著选读课程作业,2020-05-28.

我没有理由不去反思和改进自己的教学。我以前是中学老师,现在是大学老师,在所有教学经历中,我逐渐体味到的不是现代意义上的"教学"(instruction),而是传统意义上的"教学"(teaching as learning)。我们自然需要研究教育名家的思想及其工作,从中获得启发;但似乎也不该忘记,我们周围的师生以及自己的日常职业活动,同样具有研究的价值和必要。囿于专业背景限制,我没有系统研习过现代课程与教学理论,只在实践中隐约体会到,教学大纲及教材呈现的只是相对显性的课程,师生教学的方法、思维与态度,则是同步展开的较为隐性的"课程",两者应该同样重要。借鉴杨斌的观念而稍易其言:吾之所以教,亦吾之所教。① 这是大学教育尤其是师范教育的"要领"之一。

八、内省:既是方法,也是对象

本学期的教学形式,前未曾有。应对疫情期间的教学,同学们除了本门课程必须购备的几种纸本文献,如《四书章句集注》《中国古代教育文选》等,手边的参考资料相当有限,这促使我们尽量去使用、探究并反思电子资源。每次与同学们一起探究,实际也是对大家进行在线搜寻和辨别文献、进而稍作"知识考掘"的训练。这是疫情之"危",也是学习之"机"。如果借用马克·布洛克的表达,这算是因应时代而拓展研习新的"技艺"吧。

今日科技昌明,"隔空教学"得以实现。不过,我越来越深切地体会到,在互动交流的意义上,决定师生之间距离的不是空间隔阂,甚至也不是技术等差,而是人。网络技术能让天涯变咫尺,但有效教学还是取决于师生互动(意动胜于形动)。不然,即便学生端坐眼前,也难免神游太虚。荀子说,大天而思之,孰与物畜而制之(《荀子·天论》)。这句话

---

① [美]约翰·汉尼斯.要领:斯坦福校长领导十得[M].杨斌,等,译.杭州:浙江教育出版社,2020:译者序XXXV.原句为"师如何教,亦师所教"。

一度被引来为"朴素唯物主义"背书,未知是否。其中的原理,倒适用于看待今日的技术问题:视之过高或一味摈绝,似乎都不是"辩证的"态度;实际上手摸索一番,才会知道其功用,明了其限度,而后确定用或不用。

最后,请让我来"解构"自己。本文不是出于计划中的写作(我倒是为此暂停了既定写作计划),并非有意识的行动研究,只是寻常讲个故事。这当中缺少方法自觉,无力建构宏大叙事。这则微观记录,只是关于一位普通高校教师如何在疫情期间,结合传统及现代资源与技术开展教学工作。各种因缘际会,让我决定将之记录下来。因此,这当中既有追述,也有同步记录,更有少数先期设想而后印证补述。

还需坦承的是,历史书写是记忆和失忆不断博弈的过程和结果。在这个过程中,有些东西会被有意选择和重点强调,有些东西则会被有意无意地遗忘,以便裁剪和编织出某个貌似具有特定主题的故事。举个现成的例子,不少人读完这个故事,脑中留下的可能主要是关于电子资源和数字工具的"幻象";甚至可能会想:这哪里是传统"文选"类课程的正确打开方式?但实际上,我们十倍逾此的时间和精力,都是在阅读繁体竖排的整理本古籍以及相关的现代学术研究论著,并尝试标注一些影印本古籍。这就是选择性叙事的结果。而且,我们作为参与者在经历探索时,最多是觉得这样的学习方式特别一些,很少想过背后竟有许多的"意义"。可见,意义很多是被赋予的,至少是被阐发的。但无论是要建构、阐发意义,还是要解构意义,我们都需要跳出碎片,并有意识地"脱逸"于某种意义。

言说至此,顺路再发几条"后见之问"。第一,这次探究中,有黄一农提倡的"E考据"吗?[①] 只能说埋了条引线,但还不是,因为我们只是结合

---

① 关于"e考据"的意涵及实践案例,参见黄一农.二重奏:红学与清史的对话[M].北京:中华书局,2015.

电子资源,稍作课外练习。若能深入探索,比如将《法言》"天复本"的问题实质推进(极难),那才算接近 E 考据。第二,这当中有所谓"深描"(thick description)吗?① 我确曾听闻专业人士指教过,所谓"深描",在人类学中也是属于说不清、道不明的那类"知名概念"。我确实尝试过从多个角度去描写和分析一些细节,修补一张"意义之网";但实际上,更多的细节是被"折叠"了。第三,叙事中照顾到所谓的"主体性"(subjectivity)了吗?开始我根本就没有想这个问题,写完回头去看,应该说还是有所观照的。但是不是因为故事中满篇的第一人称"我",以及被代表的"我们",主体性就会自我呈现呢?恐怕又不是。要想很好地关照主体性,可能恰好需要时时将主体客体化,同时尝试将"他者"主体化。当然,此中亦有诸多问题和局限,本书结语部分尝试引申探讨。第四,是否符合叙事研究常见的"有道理,有冲突"的期待?貌似没有,这个探究过程虽然不易,但很"和谐",也少道理。不过细想就会发现,更大的"冲突"不在情节之中,而是被当作背景而"后置"了:这里有非常时期当面授业与隔空教学之间的冲突,亦有传统学问与现代技术之间的张力。第五,时局如此,经由互联网连接的人类活动,能否撑起教育学意义上的"行动研究"或形成社会学/人类学意义上的"田野"?我没有研究,只能提问,不能回答。

  关于"理论",不可说。故事讲到这里,才第一次出现这个词。对于"理论生产",我们时常不无焦虑地强调"特色",高谈"建构"。透过这些"大词"就能感受得到,真正的理论离我们有多遥远。前人论学,有"水中盐味"与"眼里金屑"的妙喻。不过我也就是向往而已,自己眼中只怕连"金屑"都还没有。唯因如此,有时可以揉揉眼睛,但见某些学术理论或术语,外面看去像是五光十色的鸡尾酒,萃取掉那些炫目的东西,其实本

---

① 关于"深描"的理论探讨与实践,参见[美] 克利福德·格尔茨.文化的解释[M].韩莉,译. 南京:译林出版社,2014.

质就是大白水。认真点说,能够看清鸡尾酒的白水实质,或者能将白水烹成鲜汤,就是功夫。

学而习之,我也渐渐明白,在教学和研究中,有破无立,不能说便是不好,但"终是不浃洽";有破有立,更能利人利己。童世骏尝谓,战胜疫情后总结履职经历时最有收获者,一线教师当属其一。[①] 确实如此,而能有此收获者,在其专业实践中,必有一番诚切的省察功夫。人之异于其他生物的关键之一,就在于人会反思——不仅能反思客观对象,还能反思自己的反思。换而言之,内省不仅是我们得以澄明精进的方法,内省本身也可以成为静观省察的对象。有意味的教学,应当如是:学—教—以教为学—反思自己的教学—反思自己的反思,并在不断的困惑和明澈中重回起点。有意识地将自身经历"问题化",或也近于项飙所谓的"把自己作为方法"。[②]

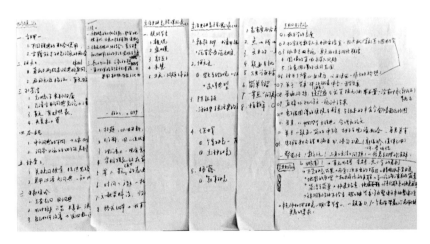

图 6-12　2020 年春季学期在线授课部分研讨要点速记(李林)

---

① 童世骏.后疫情中国教育之我见[J].基础教育,2020(03):8—9.
② 项飙,吴琦.把自己作为方法——与项飙谈话[M].上海:上海文艺出版社,2020.

九、尾声

决定开始作这则微观教学记录和反思之后,途中我猛然意识到:这不正是我们自己日常生活的"实录"与研究吗?或可用作"生活史研究"课程的案例素材!初稿完成之后,我发给修课的同学们温故知新,他们是这篇文稿的第一批读者。我也将此作为他们认真参与的特殊留念,并请他们提出补正意见,确认文中对她们发言及作业的称引。后半学期我接续给教育学部和心理学院的研究生讲授"生活史研究",遂首次尝试以叙事探究的"理路",重新展开和分析这则故事。正好,修读"中国教育名著选读"的同学也都选修了"生活史研究"。在前一门课中,他们是参与者、实践者;在后一门课中,他们则是研究者、观察者。经历这些过程,对于叙事探究的旨趣及可能局限,体认又当更进一分。至于"中国教育名著选读"课程期末评教,同学们整体反馈良好。疫情期间两年的授课,分别采取线上和线下教学,学生评教得分各为4.95及4.93,在线教学评分竟比线下教学略高;特别是在"课堂气氛活跃师生互动良好"一项,也是前(5.00)高于后(4.80)。此外,同学们描述该课程在线教学特点有四:教学形式新颖;非常有互动性;课程容量很大,能学到很多知识;老师会发布课下探索任务,课程形式丰富多彩。疫情促使我们稍微革新教学形式,师生散居各地,不在实体"班级",却让教学更有"互动性",都是较有意趣的结果。疫情缓和之后,恢复线下教学,相同课程的进行方式已较为不同,此种特殊形势和心境下的探究尝试,再难复制。

总结而言,此项因缘际会之下的课外"实验"探究与讨论,不是说之后我们的标点练习、古籍校勘及文献阅读,都要完全付诸人工智能。此番额外探究,兼有唤起我们警觉性及紧迫感的效果。关于警觉性,是提示今日各种数据库层出不穷,但品质良莠不齐。即便是像中华书局这样以传统文史典籍出版见长的机构,其数据库尚在精益求精;一些商业数据库通过大规模OCR技术获取文本,底本不良,校对不精,使用时更应留心。关于紧迫感,是想提示我们作为文科师生,面对日新月异的技术,我们的短处何在,长处何在。从龟甲到纸张,从刻写到照排,人类知识的承传载体与方式持续在变,知识分类与诠释的逻辑亦然。这种局面,是喜是忧,见仁见智。我们需要认识自己的所长所短,毋庸妄自菲薄,但也不该闭目自信。九十年前,哈佛燕京学社开始为中国古籍大规模编纂引得(index),就是在当时的技术条件下,运用现代方法重新整理呈现中国古籍,当时也有学者不以为然。五十年前,计算机专家和语言学家还在为汉字能否输入电脑而犯愁;今日,"新仓颉"们——编程专家、文字学家、书法家通力协作,就能为几乎任何一种已知的生僻文字新创输入法(如"太清网"多种非汉文字及中华书局悉昙体梵文输入法);甚至三岁儿童开口说话,电脑都能即时转为可以编辑的字符。现代计算机的大规模民用,至今不过四十年左右的时间。三十年前,人们很多时候需要更衣换鞋,才能进入"机房",揭开"微机"的神秘面纱;而且如果不能掌握复杂的英文 DOS 指令,就几乎无法驱动电脑上相当有限的功能。今日,人文学者只要肯花点时间琢磨,也有机会利用 Python 现成的代码资源,学着做些数据处理。可以预见,未来的技术门槛还会不断降低,而且"降维"速度会不断加快。

事实如此,但面对技术换代,人人都该起而"预流"吗?未必如此,尤其是人文学术。学术的路向本该多元,数字驱动的人文研究,不会也不该是人文学科的唯一前景。而且,数字人文的起点是人文,归宿也应该是人文。方兴未艾的数字人文会走向何处?还有待检证。赵思渊指出,本轮数字人文学的走势,已超越传统意义上对文献进行扫描、录入及初步检索的数字化(digitalization)阶段,走向编制元数据(metadata)、使文献可量化分析的数据化(datalization),乃至在此基础上开发文本分析工具,进行文本挖掘(text mining),展开对文本、数据的计量、相关性、GIS 及其他可视化分析。而且,人文学者从传统的数据库使用者、研究者,到更多参与数据库的编制和设计,以建立更具针对性、专业性、智能性的历史文献数据库,推进整体研究。① 本轮转向异于往常,但影响方兴未艾。根据我自己有限的观察,目前数字人文非常热闹,但在学术界的整体情况是:观望者居多,抵拒者次之,实践者较少(有增多之势),实践而有成效者更少。在学科上"正名",在方法上突破,在技术上"降维",数字人文应该能有实质性的推进。或者再问个更加直白的问题:技术进步会令人文学者"失业"吗?应当不会。除非人类被彻底重新改造,否则,越是"无人"的智能社会,越是需要"属人"的学问和作品;不过人文学者的工作和思考方式,应当会因此发生改变。

以上的有限探究和省思,皆是因疫情而起。此次疫疠,揆诸人类已知的历史,前未曾有。疫情深刻警醒并改变了很多东西,包括我们自己存在的方式与意义。疫情打乱了很多计划,我们也需要处理不少计划之外的事情,促使我们去反思、去改变、去调适。历史学者能够征文考献,对于人类的过往事无巨细,探幽索微,也不当对自己正在经历的巨变全然"无感"。所谓"以不变应万变",这话让人无法反驳又无从措手;身处今日,认清不变,以变应变,或许更好。"你生之前悠悠千载已逝,未来还会有千年沉寂的期待。"②许多年后,历史学家(我相信这个古老的职业会伴随人类而长存,虽然其工作方式会应时而变)重新探寻近年人类的种种遭际时,我们每个人都渺若尘埃。他们叙事时,估计都会先做个铺垫:故事还得从曾经肆虐全球的新型冠状病毒讲起……

---

① 赵思渊.地方历史文献的数字化、数据化与文本挖掘:以《中国地方历史文献数据库》为例[J].清史研究,2016(04):26—35.
② [德] 马克斯·韦伯.学术与政治[M].冯克利,译.北京:生活·读书·新知三联书店,2016:24.

结　语
回归日常

一、能动性、主体性及其限度

本书透过生活史的视角,尝试解析常人与常事、常情与常理的研究意义及可能。其中,有两个至为关键的概念:能动性(agency)与主体性(subjectivity),作为此一方法取径内在的基本预设。终篇之际,再将两者重新提出,并加以拓展解析。

从"能动性"出发,我们应当看到,人在面对各种日常情况或非常挑战之时,并非只会被动接受既有环境、规则与权威,很多时候也在主动回应和积极改造;哪怕看似被动的接受,其接受的方式与程度也因人而异,因地而异。此处所谓的"人",涵盖精英和常人,包括社会区分意义上的"弱势群体",皆有其能动性。同时也要看到,此种能动性是有相当局限的,不能被过分放大。其中局限首先来自人物无法超越的时代大势,比如今人不会无端苛责伟大如孔子者,为何不借助互联网开展教学以期更好地实现"有教无类"。对于生活史研究关注的常人而言,局限更直接来自他们的社会身份,及其所能调用的知识工具和物质资源。磨坊主梅诺基奥前期面对教会权威,展现各种异想天开的陈说和辩护;无名妇人王氏面对强势的男权传统,宁愿随人私奔。这些或可视作历史人物的能动行为,不过从他们的结局可知其中限度所在。此处重点强调的是:能动性普遍存在但常被研究者忽略,能动性是有限度的,有时甚至是虚弱的,但它是珍贵的,值得被研究者看见并呈现。

如果"能动性"更多见于外在行动,"主体性"则植根于内在,两者其实密不可分。人总是在建立关于"我"的概念,以及我之所在、我之所有、我之所能及我之当为等诸种认知之后,通过理性(有时是非理性的)思考及选择,作出相应的决策与行动,这是以人及其群体为对象的学术研究需要重点关注的基本原点。当然,主体性同样有诸多限制,不过更为隐蔽难见。主体性的获得并非独立玄思的结果,而是在不断学习、交往、表达乃至捍卫的实践中动态生成,其本身也是变动不居的,甚至是被不断建构的。在民族国家语境中,当个人或群体说出或写出"我/我们是谁",或者在学术交流场合,一位学者讲述"我受的专业训练是什么"的时候,此种"主体性"均有淋漓尽致的展现。在此过程中,主体性的生成还可能包括对于特定观念、知识、话语及秩序的接纳与服从,其背后即是广义的"权力"存在。对此,福柯曾一针见血地指出:

> 此种权力形式施展于切近的日常生活,而将个体加以类分,依其自身个性加以标识,赋予其身份认同,并将一种真理定律加诸其身,使其必须接受,且他人非得承认。此种权力形式使个体成为主体。"主体"(subject)一词有两种意涵:由于控制和依赖而屈从于他人;通过良心或自知而自缚于其身份认同。两种意涵均指涉一种既征服又使人屈从的权力形式。①

而且,"主体性"议题之中不仅存在如此之多避不可避的"陷阱",在历史研究中要想对其展开富有理据的论析,也非易事。尤其是针对历史时期大多不具书写能力、不能为自身留下记录的普罗大众,可以直接呈现其主体性的素材非常稀少,也会限制研究者对此深入展开。在充分认识局限的基础上,研究者尽量去揭示其中被反复折叠和遮蔽的历史面

---

① Michel Foucault. The subject and power[J]. Critical Inquiry, 1982(04): 781.

相,就是研究的挑战及意趣所在。

回到研究者自身,除了诸如国家、族群、信仰、阶层、性别等更加宏大的身份标识,潜在地影响着研究者的立场及取向,研究者自身具体的"学科"背景,还会更加直接地形塑其中知识生产的可能与成果。而并非巧合的是,对于近代"学科"一词,英文无论对译"subject"还是"discipline",其中也都提示了局限所在:前者兼具"服从"之意,后者则有"规训"意涵。一种学科知识的获得,一段研究训练的圆成,也包含着对于入行者的认可兼驯服。当然,这可能是必要的无奈,否则就会重归"无知如何讨论有知"的难解困局,超越于世俗知识的讨论范畴。不过,研究者对此是有充分自觉,还是默许接受,甚或再筑新障,其中展现的问题层次还是颇有分殊,值得留意。

二、方法、视野及其超越

关于治学的方法与视野,前贤论析甚多,可资参鉴。诚如黄宗羲所谓,"大凡学有宗旨,是其人之得力处,亦是学者之入门处";并称"学问之道,以各人自用得着者为真。凡倚门傍户、依样葫芦者,非流俗之士,则经生之业也";又论其《明儒学案》所列,"有一偏之见,有相反之论。学者于其不同处,正宜着眼理会,所谓一本而万殊也。以水济水,岂是学问?"①为学讲求"自得",其中多有难于言表之处。当然,我们在初阶入门之时,难免也会"依样葫芦",透过前贤的得力"宗旨",寻得参考门径,拾级而上。这也正是这组研究方法系列课程的重要目标,因此其中较多提示研究案例及阅读指引。如果继续前行,更重要的是在"一本万殊"中学习融汇,在"水火相济"中求得精进,最终建立自己的学术见解和学术风格。

---

① 黄宗羲.黄宗羲全集(第7册)[M].夏瑰琦,洪波,校点.杭州:浙江古籍出版社,2012:5—6.

毋庸讳言，本书侧重呈现的生活史研究，只是当代史学众多趋向之一，甚至尚不算是非常"主流"的趋向。因此，其中除了探讨此种研究取径可能的优点及境趣，也希望提示其中的局限与困境，结语重回有关能动性与主体性的探讨，也是出于此种考量。对于局限与超越的充分自觉，有助于我们追寻高标，同时避免盲目自信。没有一种研究方法，可以宣称绝对优越，普遍适用。何况，到了进阶层次，对于方法本身，以及运用方法的"方法"，都需要研究者加以批判性地省思和清理。本书围绕生活史研究的方法取径展开，但又不总是局限于生活史研究范围之内，也有此种考量在内。

更进一步而言，人文社会科学领域的研究，判分高下至为关键的因素，很多时候并不取决于研究中外显的、技术层次的方法。在问题意识、拟定选题、谋篇布局及精微解析之中，方法其实如盐溶水，无处不在。而且，学术研究尚有一层"功夫在诗外"的要求，也值得留意。所有这些准备和努力，又都共同指向人文社科学术至关重要的生命基线——富有穿透力的"见识"。优秀的研究者，无论是采取规整的格式体例，还是自由的札记随笔，或是发散的对话漫谈，甚至随性的视频镜头，总能惠人智识，予人启迪，促人省思，令人感发，进而有所行动。否则，研究者在搜集素材、清洗数据、绘制图表及齐一格式上所下的苦功，其丰富内涵尚未被充分揭示，就草草作结，殊为可惜。

明晰局限所在及超越可能，尚应留意，实际研究与思考中不宜过分偏在局限或超越任何一边，而应充分留心两者之间的宽阔天地——这实际上也是一种"日常"的思路，庶几近于"中道"。《诗》云："鸢飞戾天，鱼跃于渊"。物类各遂其性，各得其所，学术研究亦然。何况，在浩瀚无垠的天壤之间，还有许多"存在"的可能与空间。广泛领略诸家理论和方法之后，理想的研究应当将其融入选题视野及分析论述之中，不着痕迹，自然而然。

三、见山还是山,见水还是水

让我们再次回到"人"这一根本命题。人有几项共通的基本属性:作为不断生灭的亿万微生物的集合体,作为生物意义上的凡夫俗子,作为可以灵明觉知的特殊物类。这些属性提示了人之所以为"人"和人之可以为"人"的可能与限度。在此基础之上,个体满足不同需求,习得各种德能,加以各样装束,而后驾着自我织就的"意义之网"进入社会生活,通过自我的再生产参与并推动社会的再生产。在此过程之中,"历史"其实一刻也不曾远离,你见或不见,它都在那里:它不仅以个人记忆和经验沉积的形式,让个体维系关于"我"的身份感;还以文化传统和制度惯习的样式,令群体建立关于"我们"的认同感。此外,还需明白,个体的日常生活虽然属于私人领域,但往往无法自外于"公共性"的影响和支配,此种趋势在现代国家建构过程中已被高度强化。技术进步令现代"利维坦"如虎添翼,更有条件深度侵入个体的私人生活,可能进一步令公领域私密化、私领域公开化,并将日常非常化、非常日常化。所有这些,都告诉我们:常人的日常并非总是自在自为,也并非总是不值深究。

本书以生活史研究作为切入点,结合学理探究及案例解析,不仅尝试探讨"技术"层面的方法取径,还希望在"方法论"的意义上,提示史学思辨的张力与意趣。透过静观凝视,看似琐屑平凡的常人与常事,折射出丰富多彩的常情与常理。在此过程之中,实际涉及将日常"问题化"(problematization)的取向,乃至将主体"对象化"(objectification)的问题。对于此种处理"方法"的方法,其中的必要性与局限性问题,也不可不察。解铃还须系铃人,一番探寻之后,还需要以平常的思路,重新回归日常,亦即将日常"生活化"。其中历程,一如周梦蝶在其诗作《菩提树下》中的演绎:

坐断几个春天?
又坐熟多少夏日?

当你来时,雪是雪,你是你
一宿之后,雪既非雪,你亦非你
直到零下十年的今夜
当第一颗流星骤然重明

你乃惊见:
雪还是雪,你还是你
虽然结跏者底跫音已远逝
唯草色凝碧。①

  诗中展现的境界次第,与禅门传统"见山只是山,见水只是水"的公案,有异曲同工之妙。不过,"见山只是山,见水只是水"所呈现的,似乎更多是"他者"所证悟的"无我之境";"雪还是雪,你还是你"的立意,因为有了"你"这个居间的指称与状摹对象,从而蕴含更多的"有我之境"。当然,两者所提示的人、事、物、境,也都需要透过自我才能充分体现出其意涵与意义。而且,两者也都指明:彻悟之后,一切"如实"——生活只是生活,没有奥秘玄虚。

  穿越抽象的学术思辨丛林,世间万象、人生百态的背后,其实只关乎一个朴素的根本问题:人能否去过、如何去过一种自适的生活——这是生活史研究的起点,也是归宿。在此意义上,具足觉醒地过好日常,过完一生,即是上佳的生活史研究与实践。

---

① 周梦蝶.周梦蝶诗文集·还魂草[M].曾进丰,编.台北:INK 印刻文学生活杂志出版有限公司,2009:148.

附 录
书目解题

鉴于课堂教学时间较为有限,课上主要侧重于基本学理及案例解析,而且修课同学专业背景不同、学术兴趣各异,故而专设附录。本节旨在史学整体视野之下,选介其中对于生活史研究有所助益的部分著作,以便不同学科背景的同学,都能寻得拓展阅读参考、入门指引及进阶指南。所举主要关涉中国历史与文化研究范围,并因应教学对象而兼顾涵盖教育论题。以下分为理论与趋势、方法与指南、专题与案例三个部分排列书目,各作扼要解题。限于书写篇幅及本人的知见范围,举述难免遗珠之憾,有心读者可以按图索骥,通向更多有助自身研究的文献及路径。

一、理论与趋势

1. 常建华.日常生活的历史学——中国社会史研究三探[M].北京:北京师范大学出版社,2021.

◇ 中国社会史视野中日常生活史相关研究论集,史论结合,解析新近社会史研究趋势、日常生活史的视野,以及此种研究进路施于明代宗族、清代城市生活、乡村生活研究的实例。

2. 杜维运.中国史学史[M].北京:商务印书馆,2010.

◇ 以时代为纲,史著及史家为目,全面解析中国传统史学起自上古、迄于清代的体例、方法与精神,且有西方史学理论及方法为对照参鉴,自成一格。

3. [加]南希·帕特纳,[英]萨拉·富特.史学理论手册[C].余伟,何立民,译.上海:上海人民出版社,2017.

◇ 专题研究前沿合集,对于现代西方史学在回应现代性、后现代主义、后—后现代主义等趋势下,史学书写的意义、形式及其挑战有较为深刻的理论省察。

4. 蒋竹山.当代历史学新趋势[C].台北:联经出版事业股份有限公司,2019.

◇ 汇集两岸一线学者的16篇文章,分别介绍当代史学在感觉史/情感史/阅读史/新文化史/思想史/概念史/性别史/历史记忆/全球史/跨国史/科学史/医疗史/食物史/数字人文/新史料与历史研究等领域的代表著述及重要趋势,可以视作巴勒克拉夫《当代史学主要趋势》的重要续篇。

5. 王晴佳.新史学讲演录[M].北京:中国人民大学出版社,2010.

◇ 关于当代"新史学"的系列讲演合集,对于后现代主义与当代史学、新文化史、记忆史学及全球史有较为扼要精当的述论。

6. [英]彼得·伯克.什么是文化史[M].蔡玉辉,译.北京:北京大学出版社,2020.

◇ 文化史研究的代表理论著作,扼要解析当代西方史学中文化研究转向的重要背景、基本理论、关键主题及其书写范式。

7. 张广智.西方史学通史[M].上海:复旦大学出版社,2011.

◇ 西方史学通论著作,总凡六卷,对于西方史学的发展历程、代表著述与流派及其当代动向的分析甚为翔实。

二、方法与指南

1. 陈向明.质的研究方法与社会科学研究[M].北京:教育科学出版社,2006.

◇ 有关质性研究理论及方法的重要指引,对于质性研究的发展历程与理论视野,以及质性研究的准备,资料的搜集、分析及研究检测方法等问题,均有环环相扣的解析和指导。

2. 丁钢.声音与经验：教育叙事探究[M].北京：教育科学出版社,2008.

◇ 吸取中西学术思想资源,结合自身研究经验,为教育叙事研究建立理论和方法系统,注重基于教育叙事与日常教育实践的互动关系建立教育叙事理论,阐明教育叙事的方法论及其意义。

3. [美]魏根深.中国历史研究手册[M].侯旭东,等,译.北京：北京大学出版社,2016.

◇ 西方中国历史研究领域的权威入门指南,体例宏富,分为语言、人民、地理与环境、思想、信仰、文学和艺术、农业与饮食、技术与科学、贸易、历史、秦—五代、宋—清、20世纪早期、目录学共14篇,分别介绍背景知识、核心史料及代表论著。英文本已更新至第六版。

4. [日]礪波護,等.中國歷史研究入門[M].名古屋：名古屋大学出版会,2006.

◇ 以时代为主线,分章介绍先秦至现代中国历史研究的主要视点、展开情况以及历史资料,略涉中国史研究相关的目录学、金石学及地理学。论著目录详于日本学者的研究,可资参考。

5. 荣新江.学术训练与学术规范：中国古代史研究入门[M].北京：北京大学出版社,2022.

◇ 传世文献与出土文献并重,兼及通过今人论著、学术期刊跟进学术动态,以及各类学术文章包括学术书评的撰写,细及写作中的具体技术规范,例证侧重中古阶段,诚为中国古代史研究的优良指南。

6. 王汎森.天才为何成群地来[M].北京：社会科学文献出版社,2019.

◇ 兼谈史学理论趋势、治学经验、人文学术及学人交往的文集,其中

《如果让我重做一次研究生》及《再谈假如我是一个研究生》两篇,尤其适合研究生阅读。

7. 严耕望.治史三书[M].上海:上海人民出版社,2016.

◇ 著者汇集多年治史经验的金针度人之作,例证虽然多为中国中古史,不过其中所述诸多原则、视野及方法,对于史学研究普遍通用。

三、专题与案例

(一) 传统中国之部

1. 常建华.中国日常生活史读本[C].北京:北京大学出版社,2017.

◇ 分为生育与生命周期、日常交往、消费与逸乐、性别与生活及城乡日常生活五编,收录中外学者研究中国日常生活史的18篇论文,导言有关日常生活史研究的学术史概述以及后附"延伸阅读书目",亦有参考价值。

2. 黄正建.走进日常:唐代社会生活考论[M].上海:中西书局,2016.

◇ 唐代社会生活史研究论集,主要包括唐代衣食住行专题研究、唐人日常生活综合研究以及其他社会生活史相关话题,兼及社会生活史研究现状及路径思考。

3. [美]包筠雅.功过格:明清社会的道德秩序[M].杜正贞,张林,译.杭州:浙江人民出版社,1999.

◇ 聚焦明末清初特殊的善恶量化记录实践"功过格",考察其中的民众信仰、道德秩序及士人心态,由此而为观察帝制后期中国基层思想及社会提供别样视角。

4. [美]高彦颐.缠足:"金莲崇拜"盛极而衰的演变[M].苗延威,译.南京:江苏人民出版社,2009.

◇ 将"缠足"这一现象置于中国文化与社会的长程视野中加以考察,揭示其中关涉的性别、身体、情欲、阶层及政治等复杂议题,并在系列著作中反思和批评"五四妇女史观"。

5. [美] 史景迁.妇人王氏之死[M].李孝恺,译.台北：麦田出版,2009.

◇ 微观史视角在中国史研究中的代表作品,通过深描关涉清初山东郯城一位无名妇人的爱恨情仇,透过小人物解析其生活世界及其时代。详参第三章"范例评介"。

6. 邱仲麟.中国史新论：生活与文化分册[C].台北："中研院"、联经出版事业股份有限公司,2013.

◇ 中国古代生活与文化专题论集,涉及衣食住行、生态环境、道教科仪、京城社会、书院、士人生活、城市空间、广告文化、视觉感官等议题,兼及研究视野及学术趋势讨论。

7. 王子今.秦汉儿童的世界[M].北京：中华书局,2018.

◇ 综合传世文献及出土简牍、画像砖石等资料,对于秦汉儿童的生育、养育、教育、游艺、劳作,以及不同社会阶层、身份儿童的表现、处境及其地位等问题,展开细致入微的刻画分析。

8. 熊秉真.幼医与幼蒙：近世中国社会的绵延之道[M].台北：联经出版事业股份有限公司,2018.

◇ 中国儿童史与医疗文化史交汇的代表论著,细致检视过去近千年之间,中国社会生育、照护、治疗及教育孩童的实践与经验,省思育幼实践及研究领域的"现代性"及其问题。

(二) 近代中国之部

1. 蒋纯焦.一个阶层的消失：晚清以降塾师研究[M].上海：上海书店出版社,2007.

◇ 兼具社会史取径的教育史研究,聚焦唐宋以降的塾师群体,辅以具体个案分析,解析其职业活动、社会地位,及其在社会变迁中的角色转换,最终逐渐边缘化乃至消失的历程与意涵。

2. 卢淑樱.母乳与牛奶：近代中国母亲角色的重塑（1895—1937）[M].香港：中华书局,2018.

◇ 透过近代母乳与牛奶两种育婴方式的交织与选择,揭示其中关涉的营养健康、性别身体、商业竞争、女性从业及国族议题,重思"母职"的意涵变迁及其践履挑战。

3. [美]卢汉超.霓虹灯外：20世纪初日常生活中的上海[M].段炼,等,译.上海：上海古籍出版社,2004.

◇ 中国城市平民生活史研究的代表著作,深度描摹近代上海中下阶层的日常生活,从中展现国际都市中"霓虹灯外"的市井百态,揭示近代中国社会变迁的隐蔽另面。

4. 邱捷.晚清官场镜像：杜凤治日记研究[M].北京：社会科学文献出版社,2021.

◇ 围绕州县官员杜凤治十余年的仕宦日记,解析晚清广东地方社会、州县政治运作及官场百态,为解析帝制崩坏前夕的基层秩序提供珍贵样例。

5. 施扣柱.青春飞扬：近代上海学生生活[M].上海：上海辞书出版社,2009.

◇ 主要聚焦近代百余年间上海高、中等新式学堂,刻画其学生在诸多空间与活动中的生活面相,包括课室、图书馆,实验实习、考试、体育活动与竞赛,服饰、饮食与住宿等,兼及学生生活所呈现的阶层与地域议题。

6. 王笛.茶馆：成都的公共生活和微观世界,1900—1950[M].北京：社会科学文献出版社,2010.

◇ 透过茶馆这一微观"公共空间",解析20世纪上半叶国家政治与大众生活之间的冲突与关联。详参第三章"范例评介"。

7. 王汎森.思想是生活的一种方式：中国近代思想史的再思考[M].北京：北京大学出版社,2018.

◇ 中国近代"思想"与"生活"的研究反思及具体案例,其中关于近代

"自我"观念与生活世界的变化、"烦闷"的本质、"主义时代"、时间观与"未来"以及"人的消失"的论析,尤其发人深省。

8. [英] 沈艾娣.梦醒子:一位华北乡居者的人生(1857—1942)[M].赵妍杰,译.北京:北京大学出版社,2013.

◇ 书写清末民初山西举人刘大鹏的忧喜哀惑,以及近代中国巨变下传统士绅的处境与因应。详参第三章"范例评介"。

(三) 当代中国之部

1. 陈向明.旅居者和"外国人":留美中国学生跨文化人际交往研究[M].北京:教育科学出版社,2004.

◇ 教育领域质性研究的示范作品,通过文本分析、深度访谈及参与观察,研究留美中国学生的跨文化人际交往,分析其心态变化、行为选择及意义诠释。

2. 程猛."读书的料"及其文化生产:当代农家子弟成长叙事研究[M].北京:中国社会科学出版社,2018.

◇ 将自传社会学及深度访谈用于教育研究,以中国语境、话语和经验,对话、商榷并拓展威利斯"文化生产"及布迪厄"再生产"理论,富有叙事魅力和思辨张力。

3. [美] 贺萧.记忆的性别:农村妇女和中国集体化历史[M].张赟,译.北京:人民出版社,2017.

◇ 以口述资料为基础,从集体记忆和性别研究的角度,解析20世纪五六十年代"集体化"背景下农村女性的生活,有助丰富对于当代中国基层生活变迁的认识。

4. 司洪昌.嵌入村庄的学校:仁村教育的历史人类学探究[M].北京:教育科学出版社,2009.

◇ 融合历史学的视野及人类学的方法,对华北地区"仁村"百余年间的学校与教育展开细致的考察,透过微观视角审视近代以降中国基层社会及教育变迁。

5. 项飚.跨越边界的社区：北京"浙江村"的生活史[M].北京：生活·读书·新知三联书店,2018.

◇ 聚焦当代北京"浙江村"的生活变迁,洞察其中的个体生命与社群关系、国家政府与资本力量的交织。可与其谈话录《把自己作为方法》对照而读,更能理解作者独特的学术关怀及思维方式。

(四) 国外研究之部

1. ［法］埃马纽埃尔·勒华拉杜里.蒙塔尤：1294—1324 年奥克西坦尼的一个山村[M].许明龙,马胜利,译.北京：商务印书馆,2007.

◇ 以宗教裁判所的详细记录为主要史料,综合历史学、人类学、社会学的方法,揭示出 14 世纪法国南部小村蒙塔尤居民的日常生活、个人隐私、思想、心态与习俗,为微观生活史书写树立了一种典范。

2. ［法］菲力浦·阿利埃斯.儿童的世纪：旧制度下的儿童和家庭生活[M].沈坚,朱晓罕,译.北京：北京大学出版社,2013.

◇ 欧洲儿童史和家庭史研究的奠基之作,从服装、游戏、礼仪、学校生活、家庭等方面描写旧制度下的儿童生活,其中的"发现童年说"激发了诸多研究及争论。

3. ［法］菲利浦·阿利埃斯,乔治·杜比.私人生活史[M].宋薇薇,刘琳,译.哈尔滨：北方文艺出版社,2008.

◇ 欧美生活史研究的集成之作,总凡五卷,依次描述古代、中世纪、文艺复兴、法国大革命至二战、现代世界范围内人们的生活方式,被称作 20 世纪下半叶史学界一项"革命性的成果"。

4. ［法］亨利·列斐伏尔.日常生活批判[M].叶齐茂,倪晓晖,译.北京：社会科学文献出版社,2017.

◇ 基于人本主义立场,从马克思关于人的"异化"理论出发,将日常生活直接作为哲学范畴,省思现代人生存状态的诸种困境与危机,以此批判分析并解决社会问题。

5. ［法］米歇尔·福柯.疯癫与文明：理性时代的疯癫史（修订译本）[M].刘北成,杨远婴,译.北京：生活·读书·新知三联书店,2019.

◇ 透过"疯癫"此一意象及其变迁的历史考掘,批判审视人类文明史上疯癫与理性、秩序与排斥、知识与权力之间的复杂张力。作者的激情与悲悯、敏锐与深刻,读之令人难忘。

6. ［美］娜塔莉·泽蒙·戴维斯.档案中的虚构：16世纪法国的赦罪故事及故事的讲述者[M].饶佳荣,等,译.北京：北京大学出版社,2015.

◇ 细致解析16世纪法国档案中请求赦罪者的叙事结构、技巧及效果,展现历史人物叙事、历史档案记录及历史研究叙事之间的分合与互动,在寻常路径之外呈现档案作为一种"文类"的性质及其生成过程。

7. ［美］欧文·戈夫曼.日常生活中的自我呈现[M].冯钢,译.北京：北京大学出版社,2016.

◇ 将"拟剧理论"引入社会学研究,以此观察日常生活中个体如何呈现自我,以及人们的各种互动与"表演",为观察和分析常人的日常提供颇有启发的视角。

8. ［意］卡洛·金茨堡.奶酪与蛆虫：一个16世纪磨坊主的宇宙[M].鲁伊,译.桂林：广西师范大学出版社,2021.

◇ 微观史学代表作品,细致刻画了16世纪意大利乡村一名磨坊主的信仰、知识来源及世界观,其中所揭示的印刷与阅读、写本与口述之间的细微关系,以及作者精湛的史料解读及叙事笔法,值得认真揣摩。

9. ［英］保罗·威利斯.学做工：工人阶级子弟为何继承父业[M].秘舒,凌旻华,译.南京：译林出版社,2013.

◇ 文化分析用于教育领域的代表作品,以批判民族志的方法,考察英国"汉默镇"学校中创造"反学校文化"的工人阶级子弟群体,洞察其行为实践、文化生产与意义生成。

后　　记

　　这册小书起初不在研撰计划之内。资浅如我，未敢自信能在"方法论"层次上写出多少富有参考价值的经验和论见。这份出于团队规划出版的课程讲稿，多为本人近年围绕此一领域的阅读报告及零星思考，略助初阶入门者按图索骥。尽管如此，凡物之生，皆由内因外缘交互助成。此书之撰，应当溯及以下几层机缘。

　　我在研究生阶段所修读的第一个授课型硕士学位为"比较与公众史学文学硕士"。彼时"公众史学"（public history）在中文学界译介尚少，今日则以"公共史学"之名渐受关注。犹记当年教学与研讨，系里老师曾对"公众史学"的意涵有一番趣妙解析，即书写公众的历史（of the public）、为公众书写历史（for the public）、让公众"书写"历史（by the public）。其中的旨趣、视野和方法，与日常生活史研究颇有相通之处；进一步说，无论是"公众转向"的历史书写，还是"文化转向"视野下的生活史研究，实际都是20世纪60年代以降，全球史学因为回应挑战和内在反思而生发的新兴趋向，诸家内在自有关联。如果需要为这项写作追寻合理缘起，这或许可以归为"远因"。

　　在前期的学术研究中，我自己主要关注的是清代的考试、学校与教育，属于传统"文化分层"理路下的中层（制度）。出于教学工作、指导学生及学术交流的需要，我也有意识地向其内层（思想）及外层（物质）稍作双向拓展，以期对教育历史与文化稍具立体理解。由此而渐有体察，研究思想应当如何从关注"历史的思想"到兼顾

"思想的历史";而要重视但又不囿于"物质"所限,则应当透视物之背后、具体的"人",留心其情感、记忆、身体与生活。所有这些,都提示我需要在过往的制度研究之外,更多留意宏阔历史中的常人与常事、常情与常理,也因此增进了"文化"之为"生活方式"的理解,这或可视为拓展的"助缘"。

至于更为直接的"近因",即是参与教育学部研究生质性研究方法系列课程的团队教学,并在其中分任"生活史研究"专题。我从历史学科毕业,入职教育学科,有很多东西需要从头学起。在面临诸多挑战的同时,我也获得了难得的机会,在不同学科视域的"边缘"内外,体验学术写作的诸多困境与可能。而且,过去七年之中,这门小课有机会面向教育学部和心理学院不同专业方向的研究生开设。众所周知,现代学术高度专精,壁垒森严,历史学属于人文学科,教育学倾向社会科学,心理学则多自然科学取向。这又触动我不断思考,如何尽量入乎其内而出乎其外,让不同专业的学生都可能明白其中似远实近、知易行难的基本学理,并有所感发。最终我也发现,只要关注对象是真实的"人",不同学科之间实际颇有可以通约之处。

感谢质性研究方法系列课程首席专家丁钢教授,同意将这份学步小册纳入课程丛书系列,并给予自主探索和自由写作的空间。合作教学的周勇教授和陆静尘博士,曾就写作纲要及问题意识惠示建议,鼓励我将这个原本课时分量较少的教学专题单独写作成篇。曾经选修及旁听该课的历届同学和访问学者,通过课堂问对、个别交流、专题报告及期末作业,让我获益良多,也促使我不断思考这一研究取径的可能与局限,改进自己的教学和研究。在此过程中,我所收获的常比我能教授的更多。此项探究与写作,也得益于霍英东教育基金会高等院校青年教师基金项目资助(编号:171092),谨致谢忱。以上这些经历,也让我省视作为大学教师,其"日常生活"中教学、研究及写作的可能方式及意义所在。

作为研究方法系列课程的教务秘书,蔡尚芝女士为我们顺利展开教学提供了诸多支持,她也听我分享过教学过程中的一些思路和心得,并给予有益的启示。在编校出版过程中,承蒙师文编辑和范美琳编辑的专业指导。由于我个人的原因,交稿时间一再迁延,在此一并致以歉意和谢意。

这本小册所呈现的,并非覃研有素的资深学者经验之谈,而是一个"跨界"入职的青年教师以教为学的雪泥鸿爪,略涉历史学和教育学两者学科知识及研究取径的初步体察。囿于自身学力、讲义体例及撰述篇幅所限,其中有不少内容,尚待今后在教学和研究中不断拓展和完善,敬希同行先进和同学诸君不吝指教。

李　林

2023 年 3 月记于丽娃河畔